学前教育专业"互联网+"
新形态一体化系列规划教材

幼儿编程基础教程

主　编◎苏　畅　丁艳红　李宗露
副主编◎郑庆文　焦德宇　刘　海　许清汉　黄　山

厦门大学出版社
XIAMEN UNIVERSITY PRESS
国家一级出版社
全国百佳图书出版单位

图书在版编目（CIP）数据

幼儿编程基础教程 / 苏畅，丁艳红，李宗露主编
. -- 厦门：厦门大学出版社，2023.8
学前教育专业"互联网＋"新形态一体化系列规划教材
ISBN 978-7-5615-9024-9

Ⅰ．①幼… Ⅱ．①苏… ②丁… ③李… Ⅲ．①学前教育-程序设计-幼儿师范学校-教材 Ⅳ．①G613.3

中国版本图书馆CIP数据核字(2023)第103114号

出 版 人　郑文礼
责任编辑　林　鸣
美术编辑　李夏凌
技术编辑　许克华

出版发行　厦门大学出版社
社　　　址　厦门市软件园二期望海路 39 号
邮政编码　361008
总　　　机　0592-2181111　0592-2181406(传真)
营销中心　0592-2184458　0592-2181365
网　　　址　http://www.xmupress.com
邮　　　箱　xmup@xmupress.com
印　　　刷　湖南省众鑫印务有限公司

开本　787 mm×1 092 mm　1/16
印张　13.75
字数　300 千字
版次　2023 年 8 月第 1 版
印次　2023 年 8 月第 1 次印刷
定价　56.00 元

厦门大学出版社　厦门大学出版社
微信二维码　　　微博二维码

前　言

　　随着少儿编程教育的火爆，近些年呈现出低龄化的趋势，幼儿编程教育也逐渐进入大众视野。"幼儿编程教育"是宁波幼儿师范高等专科学校学前教育专业一门以校企合作形式开展的选修课，是将教育、心理、教学、学前教育、计算机编程等学科的相关理论融合并具体付诸幼儿编程教育实践的应用性课程。《幼儿编程基础教程》以"幼儿编程教育"课程为立足点，与贝芽智能科技（苏州）有限公司共同联合编写，从学前教育专业角度对幼儿编程的理论与实践进行了多维度分析。

　　本教材强调系统性、创新性、适宜性和应用性，结合幼儿园教育理论与实践案例，全面阐述了幼儿编程的理论基础、一般原理，幼儿编程教育活动开展的基本原则、实施要点、环境资源等，贝芽幼儿实物编程的构架与实施开展中的相关问题，在帮助学生了解幼儿编程教育基本理论的同时，使学生掌握幼儿编程教育开展的工作重点，开阔学生视野、提高学生组织幼儿编程教育活动的能力，提升学生专业能力，开拓人才培养新路径。

　　本教材各个模块构思如下。

　　模块一由宁波幼儿师范高等专科学校郑庆文编写，主要介绍人工智能产生与发展的阶段、人工智能的发展趋势及其在幼儿教育领域中的应用，帮助学生厘清幼儿编程与人工智能的关系，对人工智能进行系统的了解。

　　模块二由宁波幼儿师范高等专科学校刘海和焦德宇编写，主要介绍了幼儿编程教育的一般原理，包括幼儿编程教育的概念、一般特点、类型、理论基础、教育作用及核心素养等，汇集不同幼儿编程类型的典型案例，帮助学生快速、全面了解幼儿编程教育，为幼儿编程教育的组织与实施奠定基础。

　　模块三由宁波幼儿师范高等专科学校苏畅、丁艳红、李宗露编写，内容涵盖开展编程教育的基本要求与原则，幼儿编程教育活动的组织、指导与评价，以及幼儿编程教育的环境创设、家园共育等工作的开展要点，抛出实践问题引发学生主动学习，结合幼儿实物编程教育供学生探索与实践。

　　模块四和模块五由贝芽智能科技（苏州）有限公司黄山编写，主要针对"贝芽智能幼教课程"的配套设备设施、课程体系进行详细介绍和实践操作的要点讲解，学生可结合"小贝"智能机器人及教具体验探索幼儿编程，开展教育教学实践。

本教材为校企合作的重要成果，书中不仅包括幼儿编程教育的基本原理，而且将"贝芽智能幼教课程"作为幼儿编程教育的典型案例，对幼儿编程教育理论进行了说明与阐释。教材中借鉴、参考了国内外有关文献、资料和研究成果，在此一并表示感谢。鉴于与幼儿编程相关的研究及系统教材不多，可参考的相关研究相对有限，书中如有不当之处，恳请专家、读者批评指正，以便不断修正完善。

编者

2023 年 2 月

目 录

了解人工智能

"人工智能"（artificial intelligence，AI）一词最早出现在 20 世纪 50 年代。作为研究机器智能和智能机器的一门综合性新兴学科，人工智能涉及认知科学、心理学、思维科学、系统科学、信息科学和生物科学等多个学科，隶属于计算机领域，主要研究用于模拟、延伸和扩展人的智能的理论、方法、技术及应用系统，即通过了解人的思考和行为的本质，设计、生产出一种新的智能机器，使其具有类似人类的某些思维和行为方式。[①] 目前，人工智能技术已在知识处理、图像识别、自然语言处理、博弈、自动程序设计、专家系统、知识库、智能机器人等多个领域得到广泛应用并取得了令人瞩目的成果。

思维导图

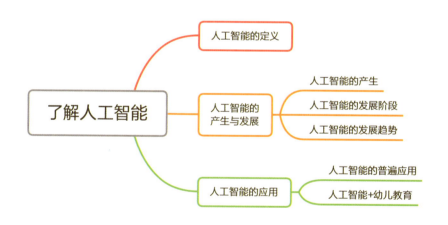

① 畅肇沁，陈小丽.基于人工智能对教育影响的反思[J].教育理论与实践，2019（1）：9–12.

学习任务单

项目	具体内容
学习目标	1. 了解人工智能的起源、发展阶段及应用领域的现状与特点。 2. 结合人工智能技术在教育领域的研究与应用，能分析人工智能技术在幼儿教育领域应用的主要成就带来的教育变革与未来发展趋势。
学习重难点	学习重点：了解人工智能的起源、发展阶段及应用领域的现状与特点。 学习难点：能够分析人工智能技术在幼儿教育领域应用的主要成就带来的教育变革与未来发展趋势。
学习时数	1学时。
学习建议	进一步了解达特茅斯会议（Dartmouth）、图灵机（Turing Machine）等人工智能领域的重点内容；通过中国知网等平台阅读相关资料，了解人工智能技术在教育领域的主要研究与应用成就。
学习运用	结合主要的应用案例和成果，分析人工智能技术在幼儿教育领域应用带来的变化。

情境问题

　　人工智能已被广泛地应用到社会的各个领域，引起了人们生活、工作、学习方式的巨大变化。同时，人工智能也在加速融入教育教学的改革过程，在知识处理、教学方法创新、个性化学习、教学质量评价等方面推动教育教学的变革与创新。在工作和学习过程中，你应用了多少人工智能技术？你对人工智能技术的应用特别是在教育领域的应用了解程度如何？随着人工智能技术的发展，你认为人工智能会替代教师的教育教学吗？

学习前的观点	学习后的思考

一、人工智能的定义

人工智能，作为计算机学科的一个重要分支，有文献可考的记录公认是约翰·麦卡锡（John McCarthy）于1956年在达特茅斯会议上正式提出，当前被人们称为"世界三大尖端技术之一"。

人工智能如何定义呢？历史上有很多关于人工智能的定义，这些定义对于人们理解人工智能起到了或多或少的作用，但到目前为止，还没有一个被大家一致认同的、精确的人工智能定义。目前，最有代表性的人工智能定义有两个，一个是达特茅斯会议发起人之一——马文·李·明斯基（Marvin Lee Minsky）提出的：人工智能是一门科学，是使机器做那些人需要通过智能来做的事情；另一个更专业的定义是美国斯坦福大学著名的人工智能研究中心尼尔斯·约翰·尼尔森（Nils John Nilsson）教授提出的：人工智能是关于知识的科学，所谓"知识的科学"，就是研究知识的表示、获取和运用。[①]

知识链接

达特茅斯会议

1956年8月31日，在美国汉诺斯小镇宁静的达特茅斯学院中，约翰·麦卡锡、马文·李·明斯基（人工智能与认知学专家）、克劳德·香农（Claude Shannon，信息论的创始人）、艾伦·纽厄尔（Allen Newell，计算机科学家）、赫伯特·西蒙（Herbert Simon，诺贝尔经济学奖得主）等志同道合的科学家正聚在一起，讨论着一个完全不食人间烟火的主题：用机器模仿人类学习及其他方面的智能。会议持续了一个多月，虽然大家没有达成普遍的共识，但是为会议讨论的内容起了一个名字——"人工智能"。因此，1956年成为人工智能元年。

二、人工智能的产生与发展

（一）人工智能的产生

自人类诞生以来，生产工具的创新与使用是人类进步的主要支撑条件和表现形式之一。但进入20世纪后，随着认知水平和科学技术的提升，人类开始设想、探索利用机器模拟、代替人的部分脑力劳动，以提高人类的智能。因此，劳动工具逐渐转向基于数据、信息、知识、价值的智力工具，人工智能开始出现一些开创性的工作。1936年，英国数学家艾伦·麦席森·图灵（A. M. Turing，1912—1954）就在一篇名为《理想计算机》的论文中提出了著名的图灵机模型（见图1-1），1950年他又在《计算机能思维吗？》

---

① 李德毅，于剑.人工智能导论[M].北京：中国科学技术出版社，2018.

一文中提出了机器能够思维的论述，可以说正是他的大胆设想和研究为人工智能技术的发展方向和模式奠定了深厚的思想基础。

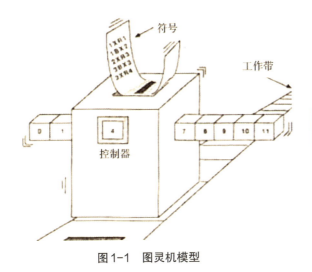

图灵机，又称"图灵计算机"，是将人们使用纸笔进行数学运算的过程抽象化，由一个虚拟的机器替代人类进行数学运算。

图1-1　图灵机模型

知识链接

图灵机由一个带有读写头的控制器和一根假设无限长的工作带（纸带）组成。工作带起着存储器的作用，印有一个个的方格，方格里可以印一个符号（有限个之一），也可以是空白；控制器可以在工作带上左右移动，读写头可以读出控制器访问的格子上的符号。读写头可以根据它所处的状态和看到的符号依次修改纸带上各个方格的符号，这就是符号逻辑推理了。当把方格内的符号视为数时，图灵机扫视整个纸带的过程，就是由纸带上的原始数据求解新的处理结果（仍在纸带上），这就是数值计算了。

1956 年，在美国达特茅斯大学举办的达特茅斯会议被公认为现代人工智能诞生的标志，该会议的最主要成就是使人工智能成为一门独立的研究学科。在这次会议中，被称为"人工智能之父"的麦卡锡和几位来自不同学科的专家正式提出了"人工智能"概念，至此人工智能技术开始作为一门新兴学科茁壮地成长。[①]

（二）人工智能的发展阶段

自1956年达特茅斯会议以来，人工智能已经走过了60多年的发展历程，人工智能技术得到了快速发展，并被应用到人类社会生活的各个领域。关于人工智能的发展阶段，可以从时间和技术两个维度寻找其发展轨迹与特点。本书主要采用吴永和等相关论著中的观点从技术发展维度阐述人工智能的计算智能、感知智能、认知智能等三个发展阶段。[②]

① 陈晋.人工智能技术发展的伦理困境研究［D］.长春：吉林大学，2016.
② 吴永和，刘博文，马晓玲.构筑"人工智能＋教育"的生态系统［J］.远程教育杂志，2017（5）：28-29.

1. 计算智能阶段

计算智能阶段是最初级的人工智能技术发展阶段，即通过技术支持能使计算机器和人一样计算、存储和传递信息。其主要技术特点是计算机能储会算，信息储存量、计算能力比人类强大很多，能快速存储和处理海量数据，特别是在使用大存储和超算之后，整个系统在一定程度上表现出智能的特性。计算智能通过使用穷举和匹配搜索等技术完成人类以前难以想象的任务。例如，1997年，IBM公司研制的"深蓝"计算机首次在正式比赛中战胜了国际象棋世界冠军卡斯帕罗夫；2016年，谷歌公司研制的"阿尔法狗"机器人战胜国际围棋大师李世石。在网页搜索领域，百度、Google等搜索引擎可以帮助人们在海量网页中搜索相关目标信息。在教育领域，计算智能支持快速存储与传递大量学习资源、构建智能化学生信息管理系统等。[①]这些案例是计算智能技术在不同领域应用的典型代表。

知识链接

"深蓝"计算机是由IBM公司开发的象棋电脑，是历史上第一个成功在标准国际象棋比赛中打败卫冕世界冠军的计算机系统。"深蓝"计算机将通用超级计算机处理器与象棋加速器芯片结合起来，采用混合决策的方法进行工作，即在超级计算机上运行的软件执行一部分运算，更复杂的棋步交给加速器处理，然后计算出可能的棋步和结果。

2. 感知智能阶段

感知智能阶段是目前人工智能技术发展的主要阶段，即通过技术支持使机器和人一样能看懂、听懂与辨识，具备感知能力并与人进行交互。其主要技术特点是机器能听会说、能看会认，主要通过数学建模和基于大数据的深度学习等方法对人类感知能力进行模拟，辅助人类完成各种各样的任务。感知智能技术的研究与应用涉及的领域较广，成果主要在语音识别、图像识别等方面，如亚马逊智能助手Alexa、谷歌助理等类型产品，支持跨设备、跨语种的人机双向语音对话，可以根据用户需求提供个性化服务；百度图像搜索依托图像识别技术支持对实物拍照进行即时搜索，很大程度上满足了用户的搜索需求。感知智能技术在教育领域的应用主要表现为语言教学、口语测评、图像搜题等方面。[②]

3. 认知智能阶段

认知智能阶段是人工智能技术发展的高级形态阶段，即通过技术支持机器模拟人类的推理、联想、知识组织能力。其主要技术特点是机器能理解、会思考，可以和人一样理解、主动思考并采取合理行动，具备一定的概念、意识和观念。该阶段的人工智能技术不仅具有逻辑思维，还具有形象思维、灵感思维，能全面辅助或替代人类开展一些高级智能工作。认知智能是目前人工智能领域关注的热点，也是未来人工智能技术发展的

---

① 吴永和，刘博文，马晓玲.构筑"人工智能+教育"的生态系统[J].远程教育杂志，2017（5）：28-29.
② 吴永和，刘博文，马晓玲.构筑"人工智能+教育"的生态系统[J].远程教育杂志，2017（5）：28-29.

重要领域与方向。目前，人工智能认知智能发展阶段的一些初级成果在教育领域得到了积极探索、应用与推广，如科大讯飞研发的教育智能机器人"阿尔法蛋"，拥有"类人脑"，其理解能力、表达能力、智商都会随着深度自我学习不断成长，可以初步为用户提供个性化学习、自主学习等服务。[①]

（三）人工智能的发展趋势

人工智能的研究与应用在不同领域取得了令人瞩目的成绩，也正在向一些未知领域深入拓展，因此，要清晰地预测人工智能技术发展趋势与走向是不可能的。但从目前人工智能的一些前瞻性研究技术，以及研究与应用领域、国家政策支持方向来看，人工智能的未来发展可能在以下两个领域取得重要突破。

一是神经网络和机器情感领域。人工神经网络是人工智能未来发展的新领域，即赋予计算机情感、提高计算机与人的自然交往能力是人工智能下一个重点研究和取得突破的领域。

二是教育人工智能领域。随着人工智能快速融入教育领域，为教育教学的变革注入新思想，提供了新方法和新工具，将为教育发展带来革命性的影响。人工智能在未来教育领域的应用将在人才培养模式创新、个性化学习、创新能力与批评性思维培养、学习交互性数据分析、"全球课堂"普及、终身学习等方面取得突破性进展，[②]推进人工智能与教育教学的深度融合。

三、人工智能的应用

（一）人工智能的普遍应用[③]

经过近70年的发展，人工智能技术在许多领域取得了令人瞩目的成绩，也在许多领域得到广泛的实践与应用。目前，人工智能技术主要应用于以下领域。

1. 智能感知领域

智能感知包括模式识别和自然言语理解。计算机模式识别系统，也就是使计算机系统具有模拟人类通过感官接受外界信息、识别和理解周围环境的感知能力。而自然言语理解，就是让计算机通过阅读文本资料建立内部数据库，可以将句子从一种语言转换为另一种语言，实现对给定的指令获取知识等。此类系统的目的就是建立一个可以生成和理解语言的软件环境。

2. 智能推理领域

智能推理主要涉及问题求解、逻辑推理与定理证明、专家系统、自动程序设计等领

---

① 吴永和，刘博文，马晓玲.构筑"人工智能+教育"的生态系统[J].远程教育杂志，2017（5）：28-29.
② 闫志明，唐夏夏，秦旋，等.教育人工智能（EAI）的内涵、关键技术与应用趋势：美国《为人工智能的未来做好准备》和《国家人工智能研发战略规划》报告解析[J].远程教育杂志，2017（1）：26-35.
③ 陈晋.人工智能技术发展的伦理困境研究[D].长春：吉林大学，2016.

域的研究与应用。人工智能的第一个主要研究与应用成果是一个可以解决问题的国际象棋程序，即通过具有问题搜索和问题还原功能的软件使计算机模拟人类解决下象棋过程中的一些问题。在此基础上发展起来的人工智能逻辑推理研究与应用，不仅需要计算机具有解决问题的能力，更需要具有一些假设推理和直觉技巧。专家系统是依靠人类专家已有的知识结构模拟建立起来的知识系统，是一种具有特定领域内大量知识与经验的智能学习系统，它应用人工智能技术、模拟人类专家解决问题的思维过程，解决该领域内各种各样的问题。而问题求解、逻辑推理、专家系统这三大功能实现的前提条件是实现自动程序设计，即使计算机学会人类的编程理论并自行设计程序。

3. 智能学习领域

智能学习就是研究人类学习的机制，模拟人脑思维的过程，使机器具有学习、获取知识的能力。近年来，人工智能技术在这方面的研究取得了一定的进展，如智能学习研究领域主要包括机器学习、神经网络、计算智能和进化计算；在实践应用领域，目前应用较为广泛的领域有自动驾驶、金融及零售行业分析、教育机器人等。

4. 智能行动领域

智能行动主要是研究机器人操作程序，也是目前人工智能应用最广泛、最贴近生活的领域，包括机器人学、智能控制、智能检索、智能调度与指挥、数据挖掘与知识发现、人工生命、机器视觉等。

（二）人工智能＋幼儿教育[①]

在幼儿教育领域，虽然人工智能的应用还处在初级阶段，相关理论体系的建构也处于探索阶段，但是由于受近年来人工智能技术在教育领域蓬勃发展的边际影响，也开始有创业者探索把幼儿教育与人工智能技术有机结合起来，推动人工智能技术在幼儿教育领域的深度应用，给幼儿教育理念、教育课程、教育方法和教育资源的变革带来重大影响。人工智能在幼儿教育领域的应用，在技术方面主要涉及机器人、机器学习、深度学习、自然语言处理、语音识别、图像识别、专家系统等；在应用形式方面主要涉及幼儿教育智能系统、幼儿智能测评系统、教育机器人、教育游戏四大方面。

1. 幼儿教育智能系统

幼儿教育智能系统，是指在幼儿教育实施过程中使用的智能化信息辅助系统，为幼儿教育实施、管理等提供支撑条件。经过多年的发展，国内发展比较成熟的幼儿教育智能系统有理想云智能教育系统、智能幼教系统、幼儿园智能化管理系统等三类信息系统。

理想云智能教育系统根据3～6岁幼儿身心发展特点，将体感交互技术和多媒体技术融入幼儿教育课程，模拟与幼儿教育活动内容相适用的情境，将情境式、互动式、体验式学习融为一体，为幼儿教育的体验式教学模式的创新提供了新思路。智能幼教系统主要是幼儿教育过程中与幼儿有关的各种数据、信息、资源等的收集、储存系统，如通过人脸识别技术收集幼儿在园的活动量、饮食情况、身体状况、气候变化、活动开展、

---

① 苏晓娟，胡国强.人工智能在幼儿教育中的应用、挑战与对策[J].中国现代教育装备，2020（10）：63-65.

场地等资源使用等数据与信息，提供给幼儿园管理者、教师、家长等使用，了解幼儿在园的基本情况，开展适宜的教育活动促进幼儿的健康发展。幼儿园智能化管理系统由园所管理系统、幼儿成长监测系统、智能接送系统、智能家长互动系统等组成，可实现幼儿园内部管理、安全管理、家园沟通、幼儿成长监测等工作的智能化。

2. 幼儿智能测评系统

幼儿智能测评系统是根据学前儿童在不同年龄段不同智能能力的发展特点，利用信息技术构建学前儿童关键能力发展的测评系统。该系统借助人工智能技术，既可以通过学前儿童智能发展水平检验某次教育活动或某种教育模式的教育效果和有效性，也可以通过测评结果制订个性化的幼儿教育方案，为真正的因材施教提供支持。如目前国内幼儿智能测评系统最有代表性的有北京师范大学C.MIT儿童多元智能测评系统，该系统基于美国心理学教授罗伯特·斯滕伯格的智力成分亚理论，对3～16岁儿童青少年的观察力、注意力、记忆力、想象力、理解力、概括推理能力、空间推理能力、解决问题能力、分析能力、操作能力、动手能力、学习能力、创新能力共13项能力进行评定，最终确定儿童解决问题能力的总智力发育情况。

3. 教育机器人

教育机器人，是指在幼儿教育领域中采用机器人辅助教育活动开展和幼儿学习。目前，国内幼儿教育领域教育机器人的应用主要有娱乐机器人和STEAM教育机器人，这两类机器人主要根据幼儿学习特点和智能发展水平，为幼儿的学习模拟情境，在提供趣味性的同时培养幼儿分析与解决问题、创新、动手等能力。如贝芽智能科技（苏州）有限公司开发的贝芽机器人，就是典型的娱乐机器人与STEAM机器人的结合体，通过机器人"小贝"辅助幼儿分析、解决生活情境问题，开展初级的幼儿计算机编程学习，培养和发展幼儿的计算思维能力。

4. 教育游戏

智能游戏是人工智能研究与应用最广泛的一个领域，其中，教育游戏是其重要组成部分。幼儿教育游戏，就是根据幼儿学习的情境性、体验性的特点及寓教于乐的教育理念，借助人工智能技术，把计算机、视频游戏、教育目标与教育内容等有机结合起来，开发出仿真教育游戏。通过这种情境性、趣味性、教育性的仿真教育游戏，培养幼儿的可视化思维，掌握解决问题的技巧，有助于幼儿形成终身受益的品质、态度、情感、能力。如国内幼儿在线的角色游戏、智力游戏等，是其中的典型代表。

走进幼儿编程教育

2022 年底，ChatGPT 聊天机器人几乎是以旋风过境一般的速度席卷全网。它既能与人类进行海阔天空的对话，又能写论文、创作诗歌、制作方案，甚至编程写代码、检查程序、应对部分考试等。为此，很多人忧心忡忡：自己的工作，会被人工智能取代吗？

作为数字时代的原住民，可以预见的是，随着人工智能不断向下扎根，新生代的孩子将迎来更大的挑战。面对这样的发展趋势，编程教育应运而生，编程是人工智能教育最好的载体，人工智能本质上是程序，人类要创造、设计、掌握和理解人工智能，必须掌握编程这个工具。让孩子接受编程教育，获得优秀的编程能力，从而掌握人工智能时代的思维意识与基础技能，能更好地应对未来的挑战。

思维导图

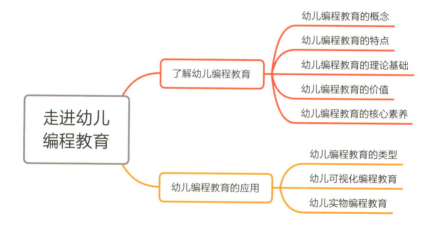

专题 一　了解幼儿编程教育

学习任务单

项目	具体内容
学习目标	掌握并理解幼儿编程的基本概念，了解幼儿编程教育的发展历程及其对幼儿发展的教育价值。
学习重难点	学习重点：掌握并理解幼儿编程概念及发展历程。 学习难点：掌握幼儿编程教育对幼儿发展的教育价值。
学习时数	4学时。
学习建议	扫码观看贝芽编程视频，了解幼儿编程的基础知识，通过贝芽机器人操作，初步体验幼儿编程游戏。
学习运用	能够操作利用贝芽机器人，开展初步的编程小游戏。

贝芽机器人编程游戏活动：小小公交车司机（中班）

情境问题

　　小朋友围坐在一起，小贝机器人播放"英雄无敌"的动画故事。在一片祥和美丽的大地上，生活着一群善良纯朴的人。有一天，一条恶龙降临，黑暗笼罩大地，房屋倒塌，打破了人们原本平静的生活，人们希望有一个伟大的英雄，帮助他们消灭恶龙，拯救人类。就在此时，英雄从天而降，他的名字叫作小贝。你能帮助小贝规划路线，运用沿途装备，到达恶龙谷消灭恶龙吗？

学习前的观点	学习后的思考

面对全球经济增长带来的压力，国际社会都在人才储备上发力。计算机科学是当前发展最快的行业之一，为计算机行业储备足够的专业人才是应对未来国际竞争的重要举措。世界各国皆在积极行动，期望用计算改革基础教育的课程体系。为此，欧美发达国家从政府到协会呼吁用计算全面改革基础教育，提出培养儿童的计算思维（computational thinking），是与传统"读、写、算"同样重要的基础教育目标。

具体到幼儿编程教育领域，近年来，国际上大量研究与实践表明，幼儿可以接受编程教育，编程教育也为幼儿发展带来诸多好处。通过编程学习，幼儿可以进一步丰富数学与科学知识，提升视觉记忆、手眼协调能力和语言能力等，树立全新的思维方式。目前，许多国家已开始对幼儿进行编程教育，如美国开发了以ScratchJr为代表的可视化编程语言（见图2-1）和以KIBO为代表的编程机器人（见图2-2），被多国相继引进使用，这些国家在这一领域的理念与实践对国际幼儿编程教育发展产生了广泛影响。

图2-1　ScratchJr儿童编程

图2-2　KIBO实物编程套件

（资料来源：https://ase.tufts.edu/DevTech/ReadyForRobotics/research.asp.）

2017年，国务院印发《新一代人工智能发展规划》，明确指出人工智能已成为国际竞争的新焦点，应逐步开展全民智能教育项目，在中小学阶段设置人工智能相关课程，逐步推广编程教育。2018年，教育部颁布《教育信息化2.0行动计划》，推动我国教育信息化整体水平走向世界前列。在快速发展的新时代，信息技术融入幼儿园教育体系，与幼儿园教育进行整合，可以为幼儿创造良好的基础学习环境，实现与幼儿生活环境及教学的融合，推动幼儿更好地全面发展。

一、幼儿编程教育的概念

（一）计算、编程与编程语言

在了解幼儿编程教育之前，须先厘清几个计算机应用中常见的概念，即"计算"、"编程"与"编程语言"。

计算，是指一种目标导向性活动，这类活动需要受益于或创建一种被称为"算法"的数字序列步骤，包括设计、开发和构建硬件与软件系统；处理、构建和管理各种信息；在计算机上进行科学研究；使计算机系统智能化；创造和使用互动和娱乐媒体等丰富内容，是一个极具包容性的概念，包含了利用计算机进行的各种目标导向性活动。

计算机编程即所谓的编程，是一个将计算问题的原始表述转化为可执行的计算机程序的过程，涉及诸如分析、开发理解、生成算法、验证算法需求及目标编程语言中算法的实现等活动。编程的目的是找到一系列的指令以实现自动化地执行特定的任务或解决给定的问题，编程过程往往需要许多不同主题的专业知识，如应用领域知识、专业算法和形式逻辑等。

2015年，欧洲学校网（European Schoolnet）发布"Computing Our Future"，报告中将"计算机编程"定义为：开发和执行各种指令的过程，通过使计算机能够执行某个任务，解决问题，并提供人的交互性，这些指令（用编程语言编写的源代码）被认为是计算机程序，有助于计算机顺利运行。

编程语言是用来定义计算机程序的形式语言，用来向计算机发送指令。编程语言的描述一般可分为语法及语义。语法是说明编程语言中，哪些符号或文字的组合方式是正确的，语义则是对于编程的解释。编程语言种类繁多，分为机器语言、汇编语言、高级语言三大类。

传统的编程语言如Java或C++与计算机的思维方式具有类似表征，有一套独特的计算机语言体系。可视化编程语言，如Scratch等，使用接近人类语言的表示方法，虽不如传统编程语言功能强大，但更适合基础教育阶段的学生。学生可以利用可视化编程语言提供的功能，专注于编程涉及的逻辑与结构，不需要担心语言本身的机制问题，从而减轻认知负担。

应用于教学中的编程语言分类较多，不同学者有不同的分类方法，常见的如代码类、积木类、图符类编程语言等。目前，面向儿童的编程语言主要有LOGO和Scratch两种。LOGO语言是麻省理工学院媒体实验室西蒙·派珀特（Seymour Papert）教授于1968年专为儿童设计的一款程序语言，学习者可以通过控制一只小海龟"绘图"来学习计算机的基本原理。在其看来，通过图形的形式直观地表现计算机指令结果是最适合儿童学习计

算机的方法。Scratch是由麻省理工学院米切尔·雷斯尼克（Mitchel Resnick）教授领导的"终身幼儿园团队"（Lifelong Kindergarten Group）开发的一款编程工具，构成程序的命令和参数被封装在一个个积木块（模块）中，这些模块可以实现不同的功能，如侦测、控制、外观变换、逻辑运算等，根据设想用鼠标将相应的模块拖拽到程序编辑栏，并按照一定的次序排列，就可以实现程序设计。由于儿童有好探索、好创造、喜欢想象的天性，及具体形象的思维特点，相比于早期的LOGO语言，Scratch语言及可编程机器人更适合儿童。这些编程工具的逐渐发展方便了研究者对早期编程教育的研究，研究结果呈现了这些编程工具对儿童计算思维、问题解决能力、排序能力、认知技能、数学能力等方面的发展。

（二）幼儿编程教育

编程教育，是指通过让学生在项目开发过程中学习编程语言，进行编程项目开发，培养学生计算思维和创新能力的教育课程或教育方式。幼儿编程教育主要是针对4～8岁幼儿进行的编程启蒙教育。

1968年，派珀特发明了第一套专为儿童设计的计算机编程语言LOGO，开创了儿童编程教育的先河。派珀特师从著名儿童心理学家让·皮亚杰，深受建构主义理论影响，认为儿童是通过经验而非教师教授来建构知识的。派珀特在《头脑风暴：儿童、计算机和强大的思想》（*Mindstorms: Children, Computers, and Powerful Ideas*）中，以皮亚杰的建构主义为基础，强调使用计算机的新技术帮助儿童在实践和游戏中进行探索性学习。在其看来，儿童能够认识到实体的重要性，即实际存在的物体能帮助儿童发展具体的思维方式及学习抽象概念。计算机和机器人作为工具，能够很好地让儿童设计、创造和操作现实世界和虚拟世界中的物体。通过编程，儿童以一种新的视角来洞察思维如何运转，思考人们的思维过程，以及探索人们的智力、情感同知识间的联系。LOGO编程语言是基于图像通过简单的编程语言对海龟的行为进行设计，采用"向前""向后"等简单命令语言，可以很好地避免编程中的语法错误，因为儿童的认知发展特性让他们很难理解及掌握编程语法规则。

在LOGO的基础上，有形编程（tangible programming）及可编程机器人工具逐步发展起来，有形编程的思想来源于早期的LOGO物理编程，使用编程积木块对物理机器人进行命令、输入。这是因为对于学龄前及小学低年级的儿童来说，很难将编程指令输入计算机，因此，麻省理工学院LOGO实验室的拉迪亚·珀尔曼（Radia Perlman）曾经设计了一些界面让学前儿童更好地理解"屏幕海龟"，如使用编程积木块及编程卡片让儿童编写程序语言的"button box"和"slot machine"，此后编程积木和编程卡片的结合进一步推进了编程工具在低年级儿童中的使用。编程语言及机器人技术的结合，使即使是学龄前儿童也能通过操控机器人理解编程语言。它主要依靠儿童对程序的构建而不是编写，这种具体化、实物化的编程工具使幼儿更能理解编程语言中的逻辑性。

塔夫茨大学（Tufts University）的玛丽娜·乌马斯·伯斯（Marina Umaschi Bers）教授

曾经对学龄前儿童施加编程教育干预：将有形编程机器人和CHERP编程语言结合，使幼儿可以通过编程积木或使用编程语言对机器人进行编程，旨在让幼儿学习计算思维、问题解决方法、编程知识及机器人知识。研究结果显示，幼儿在教育干预后，各项能力都有不同程度的提高。

伯斯作为派珀特的学生，深耕编程教育领域多年，并专攻幼儿编程教育，是ScratchJr 语言和 KIBO 机器人的发明者，也是美国在这一领域的先驱与权威。其提出了幼儿编程教育的四大基本原则：第一，幼儿能够设计对个人而言有意义的项目并进行分享，同时在此过程中逐步学习；第二，幼儿能够使用实体构建和探索世界；第三，幼儿能通过研究具体的项目学习"强大的思想"；第四，幼儿能在学习过程中进行自我反省。幼儿从玩积木到使用编程机器人的研究表明：这些原则进一步扩大了幼儿教育中"做中学"和"基于项目的学习"的学习方法，让幼儿在"设计中学习""编程中学习"，其要求与有效性同传统学前教育是一致的。

幼儿学习编程的意义，可以从幼儿未来生活的需要和编程学习对幼儿发展的价值方面来看。

首先，编程将成为幼儿未来生活中的基本技能和重要表达方式，就像阅读、表达、数学等能力一样，编程将成为幼儿适应未来社会必不可少的能力。学会编程已不再仅仅是信息产业对人才的需求，就像信息时代会使用计算机一样，学会编程已成为即将到来的时代对人才的基本要求。编程是幼儿的第101种语言，是幼儿表达自我的一种新的方式。

其次，编程可以锻炼幼儿的思维，帮助幼儿更好地思考，有助于培养幼儿的逻辑能力和数理思维等高阶思维能力。其最终指向的是幼儿思维能力的培养，更是一种通过编程的教育，在编程过程中，幼儿明确因果关系，形成思维习惯，为终身学习与发展奠定坚实的基础。编程提供了一种系统的思维方式和一种表达与交流的语言，在编程的同时，幼儿学习成为更好的问题解决者、数学家、工程师、故事讲述者、发明家和合作者。

最后，编程能让幼儿体会"艰难的乐趣"，有助于幼儿养成勇于克服困难的意志品质和良好的学习品质。教师可以根据幼儿的认知发展水平，为幼儿设置不同难度的编程游戏任务，使幼儿在已有的发展水平上面对适度的挑战，并体验解决相对复杂问题、成功应对挑战、战胜困难的自豪感和成就感。

二、幼儿编程教育的特点

（一）跨学科的教学方式

编程教育是 STEAM 教育公认的一环，其采用了跨学科融合式的教学方式。幼儿编程教育领域的学者认为，教授幼儿编程的最好方式就是把抽象化的概念变得具体、可触摸，还要将工程、艺术、历史等其他内容结合在一起，使幼儿不是学习枯燥无味的编程代码，而是在一个创造性的环境里自由发挥，在潜移默化中接受编程启蒙。

编程教育融合了 STEAM 的教育理念，在 S（科学）方面，编程能够培养幼儿科学、客观、系统地思考问题和解决问题的能力；在 T（技术）方面，编程能够帮助幼儿学习编程语言，从最基本的编程概念到高级编程指令，学习编程软件等相关 IT 技术，培养编程思维；在 E（工程）方面，通过编程学习工程设计过程，能够培养幼儿的工程素养，编程本身也是以工程目的为导向，如操作编程机器人和学习人工智能技术；在 A（艺术）方面，学习编程能将其应用在现实生活中，尤其在幼儿领域，编程教育多以可视化图形编程为主，这可以培养学生的美感，提高学生艺术感官及审美能力；在 M（数学）方面，编程教育更加离不开计算，编程工具的核心就是算法，幼儿通过学习简单基本的编程知识为学习高级编程知识打下基础。由此可见，幼儿编程教育不仅关乎编程，还在科学、工程、艺术等方面培养、发展幼儿的能力。

（二）寓学于乐的学习方式

游戏对于幼儿身心发展的价值与意义，在教育学界已经受到人们的普遍关注与认可，游戏是幼儿的主导活动，也是幼儿园教育活动的基本形式。早在 19 世纪，福禄贝尔便提出游戏是幼儿教育的基础，是童年生活最快乐的活动，是表现和发展幼儿自主性和创造性最好的活动形式。《幼儿园教育指导纲要（试行）》中也明确提出幼儿园教育应以游戏为基本活动。幼儿教育的相关研究表明，游戏是一种发展幼儿想象力、创造力、智力、语言能力、社交能力和感知运动能力的方式，同时也是幼儿在玩耍中学习的方式。伯斯认为，编程的过程就像在游乐场一样（coding as a playground），对幼儿而言编程更像是在玩游戏。雷斯尼克也认为计算机科学非常适合幼儿教育，它为幼儿提供了一个可以"在玩耍中学习，在学习中玩耍"的环境。在幼儿编程教育阶段，编程便是以一种游戏化的方式进行教授。一方面，幼儿能够自己动手进行编程，创作内容，学习基本的编程概念；另一方面，幼儿能够在玩乐中表达自我，探索新知和想法，从而达到寓学于乐的目的。在游戏中，幼儿教育家常常使用积木作为学习材料，最早的使用者是福禄贝尔，他设计了一套供儿童游戏的教具——"恩物"。研究表明，积木能够启迪幼儿智慧，锻炼幼儿的手眼协调能力、观察能力与交往能力等，还可以让幼儿学习数学知识，包括学习分类、排序与数数，认识几何图形，构建空间概念，建立科学思维等。在幼儿编程教育中，可以充分利用积木的概念，采用编程积木块帮助幼儿学习编程。幼儿不需要输入冗长的代码，只需要拖动代表不同代码的积木块进行搭建，即可进行编程。例如，在 ScratchJr 语言中，编程指令用不同颜色的积木块表示，幼儿只需要拖动屏幕上的积木块即可组建程序。KIBO 使用可触摸的实体积木块，同样也是不同颜色的积木块代表不同的编程指令，幼儿动手将积木块拼接起来，组成编程指令。积木块式的编程方式既能让幼儿感觉是在做游戏，又能让幼儿在游戏中学习排序等数学知识。幼儿编程教育的寓学于乐还体现在自由的编程环境上，这些编程环境都符合雷斯尼克制定的"低门槛、高天花板、宽墙壁"特点。"低门槛"，指编程工具趣味性强、门槛低，易于幼儿学习和操作。ScratchJr 语言中色彩缤纷的积木块，KIBO 机器人易于组装的电子元件等都是"低门槛"的体现。"高天花板"，指编程工具足够强大，能够促进知识的迁移，如 ScratchJr 语言可以编写程序解决数学或物理的习题。"宽墙壁",指幼儿能通过编程进行广泛的探索与创作,在编程的游戏过程中尽情施展他们的知识与想象。ScratchJr 语言中有很多卡通角色、场景供幼儿选择,幼儿利用所学知识,通过编程创建游戏或动画,发挥想象力为其角色创设情境。KIBO机器人有传感器等电子元件、编程积木块及艺术创作平台,幼儿同样能创建出个性化的项目与作品。例如,6 岁的幼儿在学习动物的习性之后,使用 KIBO 机器人做了一个"蝙蝠"机器人,在没有光的时候,"蝙蝠"机器人会躲起来,幼儿把自己先前的知识与编程相结合,从而巩固了生物学方面的知识。与 ScratchJr 语言不同的是,KIBO机器人创作的作品是幼儿可以直接接触的,真实存在的,而ScratchJr 语言却是在屏幕中,无法触摸的。在这种"低门槛、高天花板、宽墙壁"的编程环境中,幼儿仿佛置身于游乐园,尽情探索,创作出独一无二的项目与作品。

📖 **拓展阅读**

STEAM教育及其特色

STEAM教育是什么

STEAM教育概念分成:science(科学)、technology(技术)、engineering(工程)、art(艺术)和mathematics(数学),将这五个学科加以融合形成"跨学科教育"(见图2-3),延续之前STEM理念,同时加入艺术元素,主要教育理念为强调让学生动手做、培养解决问题的能力并融入美学与人文素养等精神,培养出符合未来趋势的全面人才以应对各种挑战。

图2-3 STEAM科学教育

STEAM教育这一观念起源于美国国家科学基金会(NSF)在1996年推出的《塑造未来:透视科学、数学、工程和技术的本科教育》中提到的STEM一词(原先并没有加入art一词)。后来,在2006年由美国总统布什公布的《美国竞争力计划》中,教育目标被强调为培养出具有"STEM素养的人才",并称其为"全球竞争力的关键",STEM教育逐渐成为各大学校的教育核心。在2008年,美国学者前田约翰(John Maeda)提出将艺

术加入，补足STEM理念中缺乏的人文素养与美学观念，成为日后常见的STEAM一词。到2018年，STEAM教育已被全球各国采用，许多政府也将经费投入其教育计划中，成为世界主流的教育概念。

STEAM教育的5个特色与好处

STEAM教育的特色在于跨领域学习、解决问题、动手做、生活应用及"五感"学习，借这样的教育方式培养学生可带来许多好处。

1. 解决问题

STEAM教育着重在动手做的实践能力之外，更需要培养学生的判断与解决问题的能力。将不同问题作为开放式考题，激励学生可以主动找资料并想出创新的办法以便解决真实世界中发生的问题。将生活中会运用到的技术融入教学，让学生学会思考及将知识应用在工作中，可让学生毕业后衔接工作环境更加顺利。

2. 思考与创新

STEAM教育常会鼓励学生运用创新方法进行活动，结合跨学科领域的学习，融合技术及知识，让学生创造出从前未有的产品，人工智能就是最佳例证。若是学生可以在STEAM教育中学习到用创新思维解决现有问题，就可以有效面对未来产业趋势。

3. 科技人才

因科技正在不断创新，技术一年比一年成熟与进步，许多产品及机器取代了人类的工作，正因如此，训练下一代养成探索及应用的能力，可让新科技成为自己的助手而非替代品。这正是STEAM教育看重的科学技术领域，让学生具有数学基础逻辑，多去尝试新的研发与思考方式，成为未来不可或缺的人才。

4. 团队合作

STEAM教育强调课程要由三人以上的团体合作完成，因此可以通过与不同年级及学习程度的学生共同学习培养团体合作、表达自身意见与同伴共同思考解决方案的能力，并在过程中学会沟通、领导及负责任等，使学生具备未来人才需要的特质。

5. 错中学习

在不同领域的学习过程中难免会出现错误或是失败等经验，STEAM教育强调"犯错空间"，让学习者透过失败分析该如何改善原先计划，认为"学习过程需要经历失败才会成功"！鼓励学生从错中学习，不断尝试与改良，使其提升自信心及养成勇于面对错误与挫折的精神。

三、幼儿编程教育的理论基础

（一）建构主义的学习观

20世纪80年代，在西方国家兴起的建构主义思潮，激烈地挑战着"客观主义"的认识论。与强调知识是客观存在的，学习就是知识传递的客观主义认识论不同，建构主义认为知识是由个人主动建构的，个人创造着关于世界的意义。学习是知识建构：意义制定的过程。为了促进知识建构式学习的发生，教学设计的任务就是创设能够支持学习者与环境互动的学习环境，也就是戴维·乔纳森（David H. Jonassen）所指的以学生为中心的学习环境。

乔纳森的建构主义学习论是以活动理论为基础的。活动理论是一个研究人类实践的哲学框架，关注实践的个人和社会两个层面。该理论还主张意识与活动不可分割，活动和意识是共存的关系，而且相互依赖。学习者在行动中获得理解，而理解又影响他们的行动，行动进而改变我们的理解。活动理论关注的不是客观知识，而是人们参与的活动、在活动中使用的工具本质、活动中行动者的社会关系和情境条件、活动的意图及活动的结果。知识不是简单地从教师那里传递给学生，而是从学习者的思考中主动建构出来的。儿童不能从哪里拿来想法，他们自己要创造想法。正是在这样的建构主义思想指导下，编程教育鼓励学习者主动学习，创造想法。各种编程环境成为帮助儿童建构知识、发展社会关系的活动支持系统。

（二）皮亚杰的儿童认知发展理论

皮亚杰通过对儿童的临床观察，探索了心理能力为何及如何随着时间的推移而发生变化。他认为，发展很大程度上依赖于儿童对周围环境的操纵及与周围环境的积极互动。在其看来，儿童的认知发展一般会经历四个不同的阶段，每个阶段都以新能力或新信息加工方式的出现为特征。这四个阶段分别是：0～2岁儿童处于感知运动阶段，2～6岁儿童处于前运算阶段，7～11岁儿童处于具体运算阶段，12～15岁儿童处于形式运算阶段。在前运算阶段，知识以表象表征；到了具体和形式运算阶段时，知识则以符号来表征，符号能够独立于经验事实，被内部操作。处在具体运算阶段的儿童，能够形成概念、发现关系、解决问题，但是这些都必须与他们熟悉的客体和情境相关联。处于这一阶段的儿童面临的一项重要学习任务是序列化，即根据某一方面，如大小、重量等将事物进行排序；另一项技能目标是传递性的习得，即个体能够在头脑中对事物进行分类和比较。这表明，儿童在解决科学问题时从概念使用、操作步骤的混乱状态，逐步向有序、系统化发展，从而获得形式运算能力。在皮亚杰看来，知识来源于行动。他鼓励儿童自愿、积极地与环境进行互动，在行动中积累经验、发现知识。因此，教育者不应该直接说教"知识"，而是要提供活动，让学习者在活动中与现实世界直接互动。

（三）维果茨基的儿童认知发展理论

俄国心理学家维果茨基的理论建立在对皮亚杰早期发展理论的批判基础上。关于儿童的发展，维果茨基有两个主要观点：一是必须在儿童经历的历史文化背景中才能有意义地理解儿童的发展；二是儿童发展依赖于伴随个体成长而形成的那些符号系统，比如语言系统、书写系统、计算系统等，这些符号系统由文化创造，用于帮助处于文化中的人们思考、交流及解决问题。维果茨基认为，个体的学习是先于发展的。因为，学习涉及符号的习得，这种符号是通过教育及与他人交流获得的。发展意味着儿童将这些符号

加以内化，并形成自主思考和解决问题的能力，即自我调节能力。他通过对"最近发展区"概念的阐述，指明了儿童发展过程中的重要时刻，即"可教时刻"。在这一时刻，儿童处于学习的最佳准备状态，如果获得了成年人或更有能力的同伴的帮助，那么儿童将顺利获得目标技能。这一理论被发展成了学习科学中的重要概念——脚手架。学习中的脚手架，意味着儿童在早期学习阶段需要他人提供大量的支持，随着儿童能力的提升，可以适当减少这种支持，从而让儿童尽快习得独立承担学习的能力和责任感。

四、幼儿编程教育的价值

编程教育是培养计算思维而不是培养程序员，这已经在编程教育界达成共识。编程教育对幼儿的发展会产生哪些影响？编程教育如何促进幼儿的发展？对儿童编程工具的开发和编程教育研究的落脚点是训练思维、提升逻辑能力，促进儿童认知发展，学者也一直致力于编程教育对幼儿发展方面的研究。

（一）编程教育与认知思维发展

21世纪以来，教育学家开始探索计算思维和幼儿时期认知能力的关系。研究表明，通过参与以建构主义教育理念为基础的机器人学习，4岁幼儿就可以学习计算思维、编程及问题解决，只要为幼儿提供适宜其年龄发展的操作材料、课程和教育指导，幼儿就能够充满兴趣地学习编程，为深入习得计算思维迈出第一步。

幼儿阶段是智力迅速发展的重要阶段，也是各种行为习惯养成的关键时期。在智力品质方面，相关研究表明，编程有利于培养幼儿的排序能力，数学、逻辑及目标导向思维，幼儿拥有以计算为基础的学习经验，通过对自己的假设进行验证，有利于培养幼儿的科学与创新素养；通过与同伴的交流合作，有利于培养幼儿的社会情感。如在合作中共同操作的编程环境有利于培养幼儿的社交认知，3D或真实化的积木组建有利于培养幼儿的空间感知能力。编程语言有利于培养幼儿的空间思维，幼儿在将自己的程序设计转变为现实的过程中，能够在心理上把现实的地图和符号与程序设计下的机器人动作相匹配，并且能在心理上设想不同命令与机器人实际动作的关系，这种空间思维的获得有利于提高幼儿的数学能力。通过操作编程机器人，可以加深幼儿对数学概念的理解，如数量、尺寸和形状等。此外，对编程机器人的组装有利于培养幼儿的手眼协调能力。

（二）编程教育与语言发展

编程作为一种新文化，带来了新的思维、交流与表达的方式。编程和读、写一样，是人们表达想法的方式，编程语言和自然语言一样可以用来表达自己的需求与愿望，都是有意义的、输出的、在时间和空间上分离的。幼儿编程就是让幼儿通过解释性的编程语言创造出可以与他人交流表达的产品。幼儿使用编程语言不仅可以连接算法逻辑，还可以讲解数字故事，这在数字时代尤为重要。编程通过让幼儿完成指定的程序设计，达到讲故事的目的，从而促进幼儿的自我表达，这是幼儿学习编程的一种方式。幼儿在具备了一定的语言表达和理解能力之后，可以根据任务及对话进行叙事，编程不再是最终的学习目标，而是以趣味性的方式表现故事内容。

（三）幼儿编程教育与社会性发展

社会性发展，是指个体通过社会学习获得社会生活必须具备的道德品质、价值观念、行为规范及形成积极的生活态度和行为习惯等。发展心理学家缪森指出，社会化是儿童学习他们的文化或社会中的标准、价值和期望的行为的过程，包括社会性情绪、对父母亲的依恋、气质、道德感和道德标准、自我意识、性别角色、亲善行为、对自我和攻击性的控制、同伴关系等。

1. 幼儿编程教育与其表达能力

伯斯及其团队设计研发实物编程工具，面向4～7岁幼儿创设编程活动，为幼儿认知和情感的发展提供成长空间；同时，她认为，应更加关注编程背后的新思维方式和交流表达的思想。[1]儿童可以用编程工具锻炼自己的思维和语言表达。比如，给儿童一个游戏主题：创建自己的农场。儿童自由发挥，在农场场景中添加漂亮的农舍、奔跑的动物，甚至通过创建新角色，把自己置身于农场中，变身为农场主创作与众不同的农场等，都需要通过思维的推测、语言的组织。他们在创作的过程思考如何把积木有序拼接，与他人交流自己的农场故事，流畅地把想法表达出来。

2. 幼儿编程教育与其亲社会行为

儿童的社会性主要是在日常生活和游戏中通过观察和模仿潜移默化地发展起来的。运用幼儿编程创设模仿学习情境，如创设情境"过马路"，让儿童玩角色游戏。绿灯时，用移动积木让汽车动起来，用等待积木让小猫停下来等待；红灯时，则是汽车停下来等待，小猫过马路。在创设生活场景并把自己融入模拟实际生活的角色游戏中，儿童学会了遵守交通规则，丰富了社会行为，促进了社会性的发展。

3. 幼儿编程教育与其协同合作能力

许多实物编程产品都是以游戏产品的形式出现，它们不仅能更好地吸引学习者的兴趣，还能构建真实的学习情境，增强学习者与环境、学习者个体间的协作互动，并通过这些互动作用获得直接、间接的学习经验，完成对外部世界的自主建构，从而实现个人与个人之间、个体与环境之间协同建构能力的提升。

编程能够促进幼儿参与团队协作。[2]实物编程不仅促进了学习者与现实环境的互动，也促进了他们与编程实体、与同伴之间的互动。这为同伴之间的合作与交流提供了极大的空间，使儿童在具体的合作编程过程中可以直接指出、拿起自己认为存在问题的程序块，并将它摆放到合适的位置，由此激发他们自我表达和相互干预、相互评价的意愿，有助

---

① BERS M U. Coding as a playground: programming and computational thinking in the early childhood classroom[M]. New York: The Routledge Press，2017：3-9.
② LEE K T H, SULLIVAN A，BERS M U. Collaboration by design: using robotics to foster social interaction in kindergarten[J]. Computers in the schools，2013，30（3）：271-281.

于引发学习者与概念之间的交互（见图2-4）。

图2-4　幼儿通过实物编程进行协作

4.幼儿编程教育及其对性别偏见的突破

性别偏见在日常生活中并不鲜见，但这种偏见在一种文化再生产中渗透给新一代幼儿，从而在某种程度上造成自我实现的预言已经引起诸多教育工作者的重视。例如，通常人们认为男性更擅长理工科，在科技领域往往更占优势，然而这种性别偏见并不利于当今信息技术人才的发掘。针对这种情况，诸如KIBO课程等幼儿编程教育，着眼于在形成性别偏见之前就让幼儿参与到编程和工程设计活动中。[①]上述研究表明，通过KIBO课程的学习，不论男孩还是女孩都可以在机器人编程这件事上取得个性化成功，也就从学习结果角度消解了性别之于编程学习的刻板印象。

五、幼儿编程教育的核心素养

（一）促进各类学科知识的学习

已有研究成果显示，实物编程涉及数学、自然科学、系统科学、艺术等多个学科的结合，其目的在于帮助学习者掌握学科知识，开展探索性的学习活动，培养学科素养。

例如，在数学方面，实物编程被用于训练学习者的几何思维。在自然科学方面，以实体编程模块为学习工具，组织学生进行简单的科学实验，从而发展其观察能力、问题解决能力和自主探索能力。在系统科学方面，实物编程被用来帮助学习者讨论一些系统的结构和演进规律。学习者经常通过角色扮演的形式参与学习，对现象进行观察、归纳和总结。在艺术方面，实物编程主要用于音乐教育，它打破了乐器对音乐学习的限制，帮助学习者通过编程活动了解乐理知识，并完成自己的音乐创作。

---

① 程艺.美国幼儿编程教育初探[D].上海：上海师范大学，2019.

（二）促进高阶思维能力的培养

实物编程不仅有助于具体的、良构的学科知识的学习，而且可以被用于培养学习者的高阶思维能力。实物编程对高阶思维能力的培养主要体现在对"计算思维"和问题解决能力的培养上。"计算思维"实质上是问题解决的过程，它包括利用计算机和其他工具帮助解决问题、逻辑化地组织和分析数据、通过算法思想支持自动化解决方案等步骤。随着2006年"计算思维"被提出，实物编程在算法思维、问题解决等思维能力的训练上得到了越来越多的应用。

编程学习对计算思维技能学习的重要性已经成为一项共识。与图形化编程、机器人编程相关的大量文献表明，编程教育与计算机科学之间存在着一种有机的联系，是计算思维技能学习的一项有效工具。实物编程使教师和学生避开复杂的计算机操作和文本代码的编写，将更多时间聚焦于实际问题向程序指令转换的思考过程中，因而可以更加有效地培养学生的计算思维技能。

专题 二 幼儿编程教育的应用

学习任务单

项目	具体内容
学习目标	1. 了解幼儿编程教育的主要类型及典型代表。 2. 能解释幼儿可视化编程和实物编程的区别。 3. 能结合幼儿身心发展特点，分析实物编程的优势。
学习重难点	学习重点：知晓学前阶段常见的编程语言及特征，如ScratchJr。 学习难点：能结合学前儿童心理学等专业知识，分析可视化编程和实物编程。
学习时数	4学时。
学习建议	课堂学习前或学习过程中，通过登录http://www.scratchjr.org/、https://code.org或在贝芽实训室实际操作，获得可视化编程与实物编程的直接经验。
学习运用	结合本专题所学，能有理有据地回应诸如"当下幼儿编程只是一种智商税"等质疑。

情境问题

　　面对越来越多幼儿园引入的编程教育，家长提出了很多质疑。有的家长怀疑道："孩子这么小，编程怎么学得会？弄不好还会揠苗助长啊！"有的家长看到编程实物材料后说："这不就是玩具吗？换汤不换药吧。"有的家长比较认可编程教育，但对幼儿教师半信半疑："你们又不是学计算机的，怎么教得了孩子编程呢？"对于上述一系列问题，请你写下你现阶段的观点，再与我们一起在学习中探索，将学习前后的思考做个对比吧！

学习前的观点	学习后的思考

一、幼儿编程教育的类型

研究表明，编程教育对幼儿计算思维[①]等诸多方面的发展有积极作用，但如果违背幼儿身心发展规律和阶段，难免会成为竭泽而渔式的超前教育。因此，幼儿编程教育作为编程教育的子领域，其在学前教育阶段的应用，最主要的限定标准就是适合幼儿所处的特定年龄阶段。换言之，幼儿编程教育的类型即指所有编程教育中，适于幼儿的部分类型。

现有研究普遍认为，0～3岁幼儿尚不适合编程学习，开展编程教育的最低年龄一般被认为是3～4岁。而从产品开发的角度，现有编程教育产品也都以3～4岁为使用年龄下限。由此，下文探讨的主要是适用3～6岁幼儿编程教育的应用。

所谓适合幼儿所处的年龄阶段，本质上是适合幼儿身心两个方面。心理方面，主要指幼儿认知发展阶段和学习方式。根据皮亚杰对认知发展阶段的划分，目前在具体运算阶段（6岁、7～11岁、12岁）也就是小学阶段开展的编程教育已经比较广泛，而在前运算阶段（1.5～6岁）开展编程教育则正在国内外进行尝试。生理方面，不仅关乎幼儿能力是否足够，如幼儿精细动作的发展程度尚不满足敲键盘等动作，而且关乎是否适宜幼儿，如过早或长时间接触电子产品对其视力发育将产生较大的负面作用。由此衍生出两个方面的观点，一是随着社会不断发展，幼儿心智的成熟逐渐提前，具体运算阶段的进入从小学一、二年级提升到大班甚至中班。比如，有研究表明，5～6岁儿童可以理解基本的编程概念并构建和编写简单的程序，[②]而这也与一些发达国家对学习编程的初始阶段划分一致，如英国将5～6岁定为学习编程的第一阶段，目的是学习何为计算法则，运用设备"创造、组织、贮存、操作、回复电子内容"。[③]二是以派珀特为代表的学者，不赞成对儿童发展阶段进行划分，也不限制儿童在哪一阶段能或不能做什么。通过形象化的编程工具，可以改变幼儿学习方式。

从编程教育的形式来看，王佑镁等综合国内外专家的分类观点，将其整理为文本编程、块编程/图形化编程/可视化编程、不插电编程和实体编程四种形式。[④]具体见表2-1。

表2-1　编程分类及概况

编程类型	内涵	特征	操作	价值
文本编程	使用C语言等晦涩的文本编程语言开发应用	基于算法抽象的，即强调告知计算机去做什么，应用书面文本表示编程过程	编写一行和几行代码编写程序	门槛相对较高，适合学习专业编程语言，未来有志从事计算机职业的学生

① 蒋小涵.编程教育对培养大班幼儿计算思维可行性的实践研究[D].上海：上海师范大学，2020.
② 陈翠，郑渊全，时松.不同探究式教学法对幼儿编程学习的影响[J].学前教育研究，2021（3）：52-63.
③ MATT C，TIM S. New curriculum: lessons in 3D printing and pupils aged FIVE taught computer programming in hi-tech new national curriculum[EB/OL].（2013-07-09）[2023-02-05]. http://www.dailymail.co.uk/news/article-2358011/New-curriculum-Lessons-3D-printing-pupils-aged-FIVE-taught-programming.html#ixzz3T67h8YjH.
④ 王佑镁，宛平，南希烜，等.实体编程促进计算思维发展：工具与策略[J].中国电化教育，2021（8）：92-98.

续表

编程类型	内涵	特征	操作	价值
块编程/图形化编程/可视化编程	无须编写程序代码,通过对各种图形进行拖动拼接完成编程,提供直观的编程界面	以"所见即所得"的编程思想为原则,可读性强、易于使用,提供一个不存在编译时错误的环境	操纵视觉元素(例如,拖放块)以编写程序	操作简单,提供有吸引力的视觉效果,在中小学非常流行,不需要编程语法知识,作为文本编程的途径,适合编程入门级学生
不插电编程	不使用计算机,通过命令或书面指令控制彼此或其他东西	完全不使用计算机,利用道具和小游戏向学生解释计算机和程序运作的原理	使用卡片、绳子、蜡笔等道具和小游戏向学生解释计算机和程序运作的原理	帮助儿童轻松地学习编码的概念
实体编程	无屏幕,将代码实物化,封装在实体编程实物块中,这些实物块代表实际编程指令	直接的物理操作、无屏幕、简洁化的编程语言、较强的现实互动性	组合包含流程图命令符号块的小板或传感器,教授"实物化"的编程语言	编程代码实物化,符合儿童的认知发展

但关于不插电编程和实体编程之间的界定尚无定论,甚至不乏观点认为两者是同义或近义概念。所以,事实上,上述观点也可视为按编程语言进行的分类。所谓编程语言,是用来定义计算机程序的形式语言,用来向计算机发送指令。编程语言的描述一般可以分为语法及语义。语法是说明编程语言中,哪些符号或文字的组合方式是正确的;语义则是对于编程的解释。编程语言种类非常多,一般可以分成机器语言、汇编语言、高级语言这三大类。[1]而随着第四代编程语言(可视化编程语言)的出现,旨在让不同经验水平的开发人员通过图形界面,使用拖放式组件和模型驱动逻辑来创建Web、软件和移动应用的"低代码开发"甚至"无代码开发"也逐渐兴起。

据预测,到2024年,所有应用程序开发活动当中的65%将通过低代码的方式完成,同时,75%的大型企业将使用至少四种低代码开发工具进行应用开发。[2]在此背景下,由于文本编程的复杂与艰深并不适用于幼儿,幼儿编程教育也主要以可视化编程语言特别是实物编程进行。

二、幼儿可视化编程教育

在早期的发展中,可视化编程语言还需要输入代码,随着其逐渐成熟,图形化的操作模块逐渐代替了复杂的程序代码,专门为幼儿设计的可视化编程语言也应运而生。可视化编程语言(如Scratch、Alice)的使用更接近人类语言的表示方法,虽然这些语言的功能一般不如传统编程语言强大,但是更适合K-12阶段的学习者,因为只需要拖动封装好语法的命令积木块就可以搭建属于自己的程序。学习者利用可视化编程语言提供的

---

① 近年来我国青少年编程中比较流行的LOGO和Scratch两种编程语言都属于高级语言。
② 赵江宇.低代码/无代码如何打破"鸡肋"困境? [EB/OL].(2020-06-24)[2023-03-10].https://baijiahao.baidu.com/s?id=1736478904154592337&wfr=spider&for=pc.

功能，可以专注于编程涉及的逻辑和结构，而不需要担心语言本身的机制问题，从而有助于减轻其认知负担。

（一）幼儿可视化编程的基本特征

可视化编程的优势主要体现在以下几个方面：第一，可视化编程的直观操作和趣味体验，能有效提升学生的学习兴趣；第二，封装和简化的编程逻辑能加快开发速度，规避烦琐的语法调试；第三，降低代码语句编写等基础性技术门槛，可有效聚焦于计算思维的培养和能力的发展。

（二）幼儿可视化编程教育的现状及产品

可视化编程系统中最受欢迎和普及程度最高的少儿编程工具当属 Scratch 及其升级版本——ScratchJr，前者主要设计对象为 8 ～ 16 岁儿童，后者面向更低龄儿童（5 ～ 7 岁）。这是一种可视化软件编程系统，在系统中已预先设定好了积木式程序模块。儿童使用这类系统进行编程时，不再需要基于文本编写程序（不需要"敲代码"），而只需要利用鼠标拖曳这些已经预先设定好的积木式程序模块即可编写出程序指令，完成编程任务（见图 2-5）。如此，儿童编程变得更容易了，儿童可以通过图形化编程设计出各种互动故事、游戏和动画，也体验到更多编程带来的乐趣和成就感。但软件编程系统的使用必须依赖于计算机和屏幕，编程活动的时间越长，儿童面对计算机屏幕的时间就越长，再加上图形化编程系统需要儿童在屏幕上拖曳鼠标进行操作，这对于儿童特别是低龄儿童来说并不合适。因此，一般不鼓励早期儿童编程教育使用软件编程系统进行。[①]

图 2-5　幼儿正在通过 ScratchJr 编程

TurtleTalk 是一款以语言为交互的幼儿编程软件，幼儿可以通过语言和对话控制屏幕上的 turtle，从而达成自己的行为目标，并从 turtle 的动作中获得反馈。智能化的 turtle 能够将幼儿表述的自然语言与基于神经网络模型的 turtle 的图片语言（turtle graphic language）进行匹配，并执行命令。[②]研究结论表明，TurtleTalk 有利于培养幼儿序列、循环等基础的程序概念，语言的使用让幼儿在编程游戏中更有代入感，同时降低编程难度，树立幼儿的编程自信。

---

① 边霞.STEM 教育、STEAM 教育与幼儿编程教育［J］.教育导刊，2022（5）：5-10.

② 程秀兰，沈慧敏.幼儿计算思维培养的途径与方法：基于编程教育的视角［J］.陕西学前师范学院学报，2021，37（3）：16-23，47.

（三）幼儿可视化编程的客观限制

教育部、卫生健康委等对幼儿使用电子产品时长的建议是，单次不超过15分钟，每天不超过1个小时。[①]然而，电子屏幕对可视化编程来说是不可或缺的媒介，以不断尝试和探索为特点的幼儿编程学习，意味着单次编程学习的过程大概率会超过15分钟的限制。本质上这一对矛盾是无法消除的，于是更适于幼儿进行编程学习的实物编程便应运而生。

三、幼儿实物编程教育

实物编程自20世纪60年代中期开始萌芽，并于1993年由日本学者铃木英之、加藤浩明确提出。他们在一项研究中基于有形用户界面设计了一套特殊的编程规则，并将此称为"有形的编程语言"（tangible programming language）。

实物编程在图形化编程语言的基础上，将屏幕中的代码块实物化，封装到类似于乐高积木的实物模块当中。这些实物模块被赋予不同的属性或功能，如函数、变量、逻辑、传感器等。它们可以通过不同的堆叠方式表达程序逻辑，并对指令做出响应。这种基于现实世界的编程方式的出现，为教育者解开了诸多环境和工具上的限制，为低龄学习者的编程活动提供了更大的探索空间。例如，一项来自江苏省的调查显示[②]，在幼儿教师借助编程教具开展教学情况中，Scratch图形化编程占1.96%，积木建构占39.22%，乐高机器人占16.99%。

（一）幼儿实物编程的基本特征

相较于传统文本和图形化编程形式，实物编程的主要特征可归纳为以下三点。

一是使用直接的物理操作。实物编程指令的物理形态主要为块、按钮和卡片，它改变了通过键盘输入代码和鼠标拖动图标的编程形式，避开了低龄儿童在计算机界面中的操作困难。同时，程序模块一般具有体积大、易于拾取、便于安装且色彩鲜艳的特点，这些工具更像是他们熟悉的游戏形式——积木、遥控器和拼图，对儿童的动作技能要求很低，如堆放、打开开关、按下按钮、拼装拆卸，因而使编程成为一种手、脑直接作用的活动。

二是采用简化的编程语言。传统的文本编程甚至部分图形化编程规则中，依旧存在较多抽象的语法规则。实物编程将复杂的语法封装到编程模块中，尽量避免儿童与复杂编程语法的接触，仅使用少量简单的指令，如顺序性指令（"前进""后退""暂停""左转""右转"）和执行指令（"开始""停止""清空"）等。儿童凭借生活经验，可以在较短的时间内掌握编程规则，从而将更多的精力应用在创造性编程活动中。

---

① 教育部，卫生健康委，体育总局，等.综合防控幼儿青少年近视实施方案[EB/OL].（2018-08-30）[2023-03-10].http://www.gov.cn/gongbao/content/2019/content_5361801.htm.
② 王梦姣.幼儿编程教育的现状分析及其对策探讨[J].汉字文化，2020（22）：123-125.

三是具有较强的现实互动性。实物编程构建了现实的互动环境，它使学习者有更多机会在更自然的教室环境中学习，如桌子或地板，而不是计算机屏幕前。在理想的情况下，这给了教师更多的灵活性确定教室中编程活动的结构和时间。

实际上，不少实物编程正是由于上述特点，从线上编程衍生而来。比如，福利斯特里奇圣心女子中学的李昊璞介绍了其团队结合code.org现有的针对4～6岁孩子的课程进行了线下教具的开发，[1]最终打造了一系列编程卡牌、景物和动物图案静电贴及可将其摆放的地图静电底板，不仅扩大了线下教具的灵活性，而且打消了家长对孩子过早接触电子产品从而影响视力的担忧。

（二）幼儿实物编程教育的现状及产品

经过多年的发展，实物编程在产品的多样性和易用性上都有了较大幅度的提升。实物编程产品的数量、种类和功能不断增多，生产成本和教学推广成本不断降低，产品易用性不断增强，产品外观变得更加美观。但整体上在学前教育领域的应用很少，从数量上看，开设幼儿编程等人工智能启蒙教育课程的比例往往只有百分之三四[2]，在教学实践中经常使用教育机器人的幼儿教师也仅占百分之四五。以下介绍若干有代表性的实物编程产品。

图2-6　贝芽编程材料

贝芽人工智能编程教育以丰富的实物模块（见图2-6）、机器人互动教学、情境式游戏、自由创编为四大特点。其依据中国幼儿编程能力等级，进行了符合儿童认知发展的课程设计，主要包括侧重于具象练习的情景互动编程课和侧重抽象练习的模块指令编程课。人机双师的设计，使幼儿在常规的编程验证拥有更多的互动性和体验感。

ScratchJr是Scratch的衍生应用，是特别针对5～7岁幼儿的认知水平与喜好研发的乐高积木式简易编程工具（见图2-7）。ScratchJr编程软件将枯燥的程序语言转换为形象直观的积木块，ScratchJr编程积木块有6个颜色的面板，每个面板下有多个积木块。幼儿可以把积木块卡合连接，从而实现脚本的创建。在编程中创造和表达自己的想法，创建自己的交互式项目。[3]

① 李昊璞.幼儿编程实行的分析研究与改进：一种幼儿编程游戏卡牌教具[J].电子测试，2019（20）：133-134
② 姜起.对幼儿人工智能启蒙教育现状的调查研究[J].教育探索，2020（4）：21-24.
③ 昝增敏.大班幼儿ScratchJr编程教学设计研究[D].淮北：淮北师范大学，2020.

图2-7　ScratchJr编程模块

　　KIBO是一款面向4～7岁幼儿的积木编程机器人，包括软件和硬件，如图2-8所示，软件为可触摸的程序积木块（tangible programming blocks）；硬件为机器人本身（the robot itself），在美国国家科学基金会投资下，由DevTech Research Group于2014年研发，这款积木编程机器人无须电子屏幕和键盘，是集中教师、早期教育专家及幼儿本身的需求和期望，为满足幼儿学习发展需要设计的。[①]幼儿能够通过可触摸的方式利用马达、传感器和手工材料组装机器人变身工程师，通过探索序列、循环及变量等扮演程序员的角色。

图2-8　Kibo积木编程材料

　　MatataLab采用了图像识别技术识别编程模块信息，通过蓝牙传输信息控制机器人运动，其设计参考了CSTA美国计算科学教育K-2阶段标准，开发了初、中、高阶三段由易到难的课程，并配套了相应的教育资源库，如教师手册、学生操作单、教辅材料、

---

① SULLIVAN A, ELKIN M, BERS M U.KIBO robot demo: engaging young children in programming and engineering［C］// Proceedings of the 14th International Conference on Interaction Design and Children，2015：418-421.

地图拓展包等，以及玛塔足球、玛塔飞行棋等丰富多彩的拓展游戏，[①]以助力学校、家庭支持儿童，特别是低龄儿童进行零基础的编程启蒙学习（见图2-9）。

图2-9　MatataLab 实物编程材料

（三）幼儿实物编程教育面对的挑战

从现有研究的内容、数量和质量来看，实物编程在教育领域中的应用仍存在较多不足。现阶段，实物编程教育研究的内容过于集中在产品开发上，缺少对理论研究、实证研究、教学资源开发的关注，与学前教育实践存在较大脱节，面临的局限性可归纳为以下几点。

首先是产品。一方面，幼儿实物编程产品的教育属性不够突出。实体编程工具被包装得越来越好，而实体编程的教学活动形式却并没有发生多少改变。另一方面，幼儿实物编程教育优质课程比较缺乏。目前，关于中小学阶段实物编程的课程特别是教材不在少数，但对于学前阶段实物编程教育的课程仍不多见，多是局限于某一公司产品宣传或应用的操作手册式教材。

其次是师资。目前，绝大部分一线幼儿教师缺乏应用实物编程进行教育的能力。一项面向江苏幼儿园教师的调查表明，幼儿教师对开展编程教育非常支持，但由于对智能教育内容不熟悉、对新技术的使用不熟练，幼儿园借助编程教具开展教学的情况仍极为少见。客观来看，这又源自在职前教育和职后培训中这方面的课程设置比较缺乏；主观来看，已经可以成熟运用传统教学模式的教师，难以避免缺乏动力借鉴甚至完全转向新的教学模式。

最后是与家庭教育融合的难度较大。从物质条件而言，由于实物编程模块大小及操作场地的面积限制，需要在家中设有一定空间供幼儿操作，限制了其使用范围；从家长信息素养而言，需要具备一定的编程知识与技能，才能在幼儿操作室提供引导，而不是将其作为托儿工具。

---

① 陈维维.学龄前儿童人工智能启蒙教育的研究现状与实践路径[J].电化教育研究，2020，41（9）：88-93.

（四）幼儿实物编程教育的未来展望

整体而言，实物编程的教育应用研究还处于初步发展阶段，存在着重开发、轻实践的普遍趋势，但具有巨大的教育应用前景。未来，幼儿实物编程教育至少需要在以下几个方面着力。

一是逐步建立相对规范和科学的课程标准。幼儿实物编程的产品可以各有特色，但基于幼儿身心发展规律和编程学习规律的相对确定性，应当基于实践研制相关课程标准，为幼儿学习和教师执教提供基线。

二是应当拓展幼儿实物编程相关的实证研究。无论针对教师的活动设计还是幼儿的学习效果，当前相关实证研究都比较缺乏，更鲜有大样本的调查或跨地区的对比。

三是需要加深校企园的多方合作，形成研发—培训—实践—反馈的逻辑闭环，教师可在教育教学实践中不断优化编程教育活动设计与教学策略，相关科技公司可基于幼儿园实践反馈不断改进产品，高校可根据幼儿园需求和公司支持不断完善职前培养与职后培训。

📖 拓展阅读

幼儿科普机器人教育评价指南标准立项，全国幼儿科普机器人展示活动新增一板块

在人工智能时代，编程思维和能力已经成为越来越多青少年需要掌握的基础技能和核心素养。为了规范化地评价幼儿智能启蒙，搭建符合实际的幼儿智能启蒙培养模式，记者今天（17日）从中国电子学会获悉，《幼儿科普机器人教育评价指南》和《幼儿实物编程教育评价指南》两大标准日前已正式立项，由中国电子学会现代教育技术分会、上海市创展科普发展中心等机构组织制定。本标准将建立幼儿智能启蒙技术评价体系，通过标准化、实践化、可视化的评价方式和数字化评价结果，为幼儿智能启蒙能力提供科学、规范、严谨的梯度能力评价。

而作为幼儿机器人科普的全国性赛事，由中国电子学会现代教育技术分会和上海市创展科普发展中心联合主办，上海青艺童创青少年发展中心联合承办的2022年度第二季度全国幼儿科普机器人展示活动日前圆满收官，来自全国42个服务中心的孩子参与了低幼组、中幼组、高幼组三个组别的项目，报名人数较上年同期增长110%。为尽量降低疫情防控对活动的影响，此次全国幼儿科普机器人展示活动以"线下搭建＋线上面试"模式进行，即在允许组织线下活动区域的服务中心按计划组织学员到指定地点进行搭建，进入面试环节时，由教师带领学员进行一对一线上面试。

记者了解到，第三季度幼儿科普机器人展示活动将全面衔接中国电子学会青少年机器人技术等级考试标准（一级）的结构部分内容，新增幼儿实物编程板块，其高幼证书可"无缝衔接"中国电子学会青少年软件编程(图形化)等级考试一级证书，实现少儿编程教育的一体贯通。已获得由中国电子学会颁布的青少年等级考试证书的学员，还可以

申请对应级别的由EXIN国际信息科学考试学会颁发的青少年信息科学国际鉴定认证证书，作为国际人才选拔和录取的重要参考依据。

　　幼儿参与机器人积木搭建，可以培养其手脑协调能力、空间感知能力、想象力和创造力，新增的幼儿实物编程板块主要通过无屏幕编程的形式开展，通过指令卡、编程模块、编程标签等有形实物来完成计算思维的表达，使幼儿在学到指令、序列、循环等编程概念的同时，完全脱离互联网和任何电子屏幕。活动主题涵盖红色教育、国防军事、智慧城市、绿色环保、航空航天、传统文化、体育运动和健康防疫等内容。

（资料来源：沈湫莎.幼儿科普机器人教育评价指南标准立项，

全国幼儿科普机器人展示活动新增一板块[N].文汇报，2022-07-17.）

幼儿编程教育的开展

目前，少儿编程呈现出形式越来越丰富、受众群体越来越广泛、受教育对象年龄越来越低的发展态势。与之相对应的是不同的声音，有人将编程教育视为促进幼儿发展的必经之路，也有不少人认为少儿编程教育就是"智商税"，对于这个问题你是如何看待的？幼儿阶段如何面对这种局面，要做些什么与之衔接？

思维导图

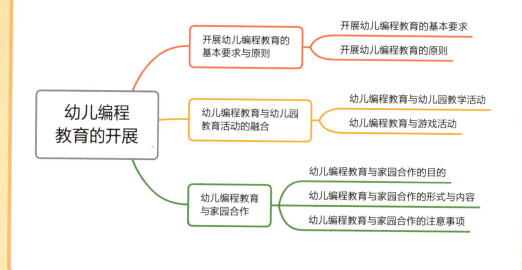

专题 一 开展幼儿编程教育的基本要求与原则

学习任务单

项目	具体内容
学习目标	1. 了解开展幼儿编程教育的基本要求。 2. 结合幼儿编程教育的基本原则，分析幼儿编程教育的实际问题。 3. 结合贝芽智能编程课程的实际问题，尝试进行指导。 4. 树立科学的幼儿编程教育理念。
学习重难点	学习重点：树立科学的幼儿编程教育理念，了解开展幼儿编程教育的基本要求。 学习难点：结合幼儿编程教育的基本原则，分析幼儿编程教育的实际问题。
学习时数	4学时。
学习建议	扫描正文中的二维码，进一步了解幼儿编程教育的多种形式，进一步了解幼儿编程的实际操作内容；通过手机等客户端口下载与幼儿编程有关的App，体验幼儿编程游戏。
学习运用	结合实际案例，分析关于开展幼儿编程教育的观点，判断幼儿编程教育的可实施性及核心教育价值取向。

情境问题

张老师是一名工作不久的新教师，幼儿园最近开展了"贝芽实物编程"的幼儿编程特色课程，幼儿每次参加活动都兴致勃勃，一段时间之后，张老师发现，即使幼儿已经知道了该如何操作这些材料，在探索的过程中还是呈现出非常大的个体差异，有的幼儿能很快找到解决问题的最佳办法？有的幼儿进度却慢了很多。是不是所有幼儿都要学会编程的技巧？要如何引导幼儿自主学习编程？怎么引导幼儿在"玩中学"？幼儿学习编程到底是学什么？这一系列的问题让她犯了愁，请写下你现阶段的观点，再与我们一起在学习中探索，将学习前后的思考做个对比吧！

学习前的观点	学习后的思考

一、开展幼儿编程教育的基本要求

（一）重发展编程思维，而非掌握技能

目前，针对幼儿阶段的有计划、有组织的各项教育活动，都会围绕提升幼儿某一方面的认知、发展某种能力或技能、陶冶情操或促进品德发展等开展，但编程教育并不是单纯地为了引导幼儿对编程这件事情感兴趣或掌握编程的技巧从而能更加熟练地在编程这项活动中得到进阶的提升，为日后的编程学习打下技能基础，而是更加注重幼儿在编程活动中思维的发展与提升。

编程的根本或最终目的，是要用计算机"听得懂的语言"与之沟通，从而达到我们想要的目标，或是想要计算机完成的事，因此必须按步骤、按逻辑设计我们想要计算机完成的事情。编程看似是一项技能，实则是编程思维，也就是说编程没有固定的操作模式，而是一种编程者思维的外显。与幼儿阶段其他教育不同的是，幼儿编程教育并不是为了培养一项技能或培养幼儿对编程的兴趣，更重要的是掌握一套高效解决问题的思维模式：如何"理解问题—找出路径—解决问题"。例如，贝芽实物编程教育中无论是情景互动编程还是模块指令编程，都鼓励幼儿不断尝试、探索帮助机器人"小贝"到达终点的方法或路径（见图3-1）。

图3-1　幼儿帮助"小贝"解决问题

在幼儿阶段的编程教育中，帮助幼儿发展编程思维是核心与关键。幼儿通过编程的游戏或设备的操作，在分解问题中提升拆解复杂问题的能力，将"大目标"细分为若干个"小目标"，划分成一个个步骤，逐一解决，容易养成遇到问题先分析再解决的思维模式，提高发展规划能力，形成分解思维。想要顺利解决问题，需要"不重复""最便捷""不遗漏"，幼儿要在编程的游戏中按照规则执行指令，重复多次不断经历失败与成功后发现规律，从而找到最佳的解决方案。"识别"规律对幼儿的发展而言不仅仅是编程思维，还能拓展到文学作品的创编、艺术作品的创作等方面，当这样的思维成为习惯时，自然会潜移默化地帮助幼儿解决学习及生活中的诸多问题。例如，在编程App"恐龙编程"最基础的操作中，幼儿需要小恐龙为小树苗前方提供光源帮助小树苗成长，幼儿要学会判断小恐龙刚好能为小树苗照光需要走几步，多一步或少一步都无法达到目的，因此幼儿需要掌握规律并灵活判断（见图3-2至图3-5）。

图3-2　编程App"恐龙编程"游戏界面，按照提示执行指令

图3-3　执行并运行指令

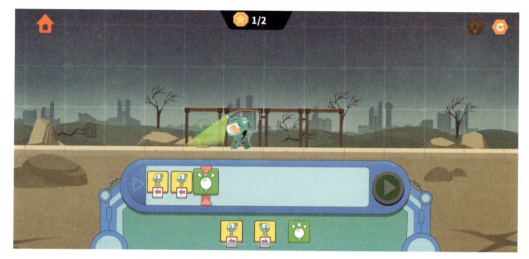

图3-4　正确运行指令，小恐龙成功为小树苗照光

图3-5　根据游戏经验自行编辑指令

（二）重应用编程模式，而非掌握编程语言

　　系统的编程离不开对编程语言的理解与掌握，如开始、指令、条件、执行等各项操作指令，即使是可以在手机上灵活操作的少儿编程App，也是在编程游戏中熟悉各种编程的指令。例如，在编程软件Scratch中，虽然情境具有趣味性并且易于理解，但是在帮助冒险家莉莉寻找密室洞口的过程中，拖曳的是各种文字、数字、符号组成的复杂的编程指令（见图3-6）。但幼儿编程与其他编程不同的是，目前市面上可以看到的各种编程游戏软件和编程机器人，虽然背后的逻辑都指向编程的基本模式：问题呈现—指令—执行，形式却大不相同。

（a） （b）

图3-6 编程软件Scratch少儿编程启蒙教育操作界面

对于大多数3～6岁的幼儿来说，编程语言的概念过于抽象，幼儿编程教育的目的也并非引导幼儿掌握编程语言，因此幼儿编程与少儿编程和其他编程不同，更多呈现的是箭头、数字等简单符号和生动有趣的形象，幼儿借助这些便于理解的简单符号解决问题。例如在"恐龙编程"App中，幼儿根据对问题的理解和分析，将需要的指令分别拖曳到对应的操作框内，点击屏幕上表示不同方向的按钮就可以帮助小恐龙执行任务了。同样的，在贝芽实物编程教育中的"模块指令编程"中，不同方向的箭头、数字、场景等模块磁贴构成了幼儿编程记录板上的主要编程工具（见图3-7至图3-10），按照问题情境，幼儿先在操作板上规划出解决问题的方案，再由"小贝"进行验证。从这两个幼儿编程不难看出，幼儿编程即使没有过多的编程语言，也是"问题呈现—指令—执行"的基本编程模式。因此，在引导幼儿共同完成编程活动时，也应注重引导幼儿分解问题，以及用高效、便捷的方式解决问题。

图3-7 指令磁贴

图3-8 编程指令卡

图3-9 编程记录板

图3-10 幼儿操作编程记录板

（三）重兴趣引导，而非必要培训

刘君艳提倡将美国少儿编程教学方式本土化以促进学生品质的培养与提升。编程教育是培养计算思维而不是培养程序员，这在编程教育界已经达成共识。编程教育对幼儿的发展会产生哪些影响？编程教育如何促进幼儿的发展？对儿童编程工具的开发和编程教育研究的落脚点是训练思维，提升逻辑能力，促进儿童认知发展，还能发展儿童语言能力、解决问题能力，甚至可以改变儿童的思维方式。[①]

无论是这几年流行的STEAM，还是新兴起的编程，进入大众视野的同时都必然会引起很多对"科技感"一知半解的家长的焦虑。作为教育者，需要明确编程知识并非所有幼儿都必须掌握的，掌握编程这项技能也并非会造就"神童"，成为人中龙凤，但是如同音乐、美术等诸多"课外兴趣"的培养一样，编程教育也是希望通过趣味性的游戏情境引导幼儿感受编程的乐趣，提升解决问题的能力，并非人人必修，而是根据兴趣自行选择。

就目前编程教育在我国的普及及推广程度来看，针对低龄段的编程教育仍然属于兴趣课程而并非必修课程。即使在幼儿园引入编程课程，或是家长专门精心挑选的线上编程游戏或线下在教育机构中学习编程课程，能否获得逻辑思维都取决于幼儿自身的兴趣和能力。例如，图形化编程Scratch，是帮助孩子在虚拟网络中构建自己想要的故事、情境、动画等，因此需要其在现实生活中充满创造力、想象力，有着较强的逻辑推理能力，通过编程将这些能力展现出来，从而形成良性循环。而编程需要的或能为幼儿发展提供支撑的创造想象和逻辑思维也并非只有通过编程才能获得，而是取决于幼儿自身的兴趣或能力，能在编程游戏中获得成就感和更加丰富的操作体验。

因此，无论是在幼儿园、家庭、教育机构还是在线上，在引导幼儿进行编程学习时都应以正向的心态看待，切莫将编程"万能化"。

二、实施幼儿编程教育的原则

（一）自主性

自主性，是指个体依靠自身的力量，实现自己合理选择的目标及愿望的能力，它贯穿个体发展始终，是幼儿个体发展的重要内容之一。在幼儿园教育活动中需要发展幼儿的自主性体现幼儿的自我依靠、自我控制和自我主张，而幼儿自主性的发展也需要幼儿具备基本的行为能力，具有独立主动的态度和实现自主行为的环境。如同其他教育活动一样，幼儿编程教育中的自主性也是保障以儿童为中心这一基本观念的体现。在开展编程教育活动时，教师为幼儿营造舒适的环境，引导幼儿在活动区域自主探索，给予他们充足的活动机会，自主发现问题、解决问题，教师提供各种类型的操作材料和操作模块，幼儿拥有自主选择模块的权利和自由支配的空间，按照自己的想法开展编程活动，教师

---

① 刘君艳.基于PTD框架的小学ScratchJr教学设计与实践[D].上海：上海师范大学，2017.

不过多进行干预，教师可以观察幼儿对问题的理解，鼓励幼儿在轻松的氛围中主动探索，也可以与同伴相互交流。

教师在开展教育活动的过程中，引导幼儿进行探究，教师向幼儿提出需要探究的问题和程序并提供必要的材料，幼儿自己决定探究的程序并制订针对性的方案，找到解决问题的策略和方法。在编程教育活动中，充分发挥幼儿的自主性的前提是教师需要积极转变观念与角色，将教育者的身份转化为支持者、引导者，接纳、尊重幼儿的自主表现，鼓励幼儿大胆尝试，鼓励幼儿自主决定。

（二）游戏性

《幼儿园教育指导纲要(试行)》指出，幼儿园应当遵循幼儿身心发展的普遍规律和学习特点，以游戏为基本活动。幼儿园在开展编程活动时要紧密结合游戏和趣味情境，结合具体问题调动幼儿参与编程活动的自主性和兴趣，以便于幼儿获得快乐和成就感。通过游戏化的方式能够使编程活动充满趣味和挑战，吸引幼儿识别问题从而通过编程活动解决问题。

例如，在贝芽实物编程教育中，某一场景以小贝是一名环保小卫士为背景，需要幼儿帮助小贝在指定的区域模块内设计路线，搜集到金币，并帮助小贝到达终点。教师可以提前将目标放置在任何位置，幼儿通过尝试探索如何用最少的步骤到达目标（见图3-11）。因此幼儿编程教育活动的开展离不开趣味的游戏情境，以解决问题为核心的趣味的游戏情境能够激发幼儿内在的学习兴趣和求知欲。

（a）　　　　　　　　　　　　（b）

图3-11　幼儿分组开展编程游戏

幼儿编程活动的设计与实施都应当根据幼儿阶段对事物认知具有直观形象性的特点，将抽象的编程过程和计算机程序，依托游戏规则外显，符合幼儿喜欢游戏的年龄特点，在游戏中学习编程，发展编程思维。在诸多借助图像编程的App中，幼儿都是通过点击屏幕拖曳代表不同代码的指令，组成编程指令序列，点击对应的执行按钮执行指令序列。而在实物编程中，是将屏幕中的代码指令以实物的形式呈现在幼儿面前，幼儿在对应的任务区域内找到合适的指令模块（如方向箭头、关卡等），并组成合理的指令序列，用

机器人的行动来执行任务。而积木编程也是教师在编程活动中通过提供可触摸的实体编程积木块，幼儿通过操作和摆弄代表不同代码的积木块，进行排列、拼接、组合，组成编程指令序列。幼儿编程的共同特点是可以让幼儿感觉沉浸在游戏中，通过游戏的形式学习了解计算机的执行过程，体验程序语言控制计算机的编程思想，发展编程思维。

（三）适宜性

计算机科学对5～6岁幼儿的思维认知、社会性等发展具有促进作用，编程教育作为计算机科学教育的一部分也是发展幼儿计算思维的重要载体。幼儿的编程启蒙教育要考虑到编程活动内容和编程教育方式应适应幼儿的年龄发展特点及生长规律，应该有利于幼儿观察、探索、操作，因此在视觉呈现效果上，操作的道具都具有色彩鲜艳、造型卡通、生动活泼等特点，既能激发幼儿的兴趣又能满足幼儿审美的发展需求。此外，与通过计算机输入指令或使用编程语言完成的编程不同，幼儿编程的模块往往规格较大，便于操作，幼儿在精细动作发展并不完善的情况下也可以进行独立操作。

从编程活动内容来看，都是通过游戏情境来完成的，这些游戏情境可以是与幼儿生活经验相关的内容，也可以是虚构的内容，还可以是根据文字作品改编的游戏情境。例如，贝芽编程课程中的游戏情境有"环保小卫士""一起去游乐园""奇幻寻宝""梦幻舞会"等，但无论是哪种情境，幼儿都应该从中体验到趣味性和成就感。

从编程教育方式来看，编程教育要结合游戏、真实情境开展，鼓励幼儿大胆探索，勇于试错，通过手脑并用的方式，体验到乐趣和成就感。在实施教育的过程中，可以遵循幼儿园其他教育活动的实施过程，从导题激趣到问题解决的探索尝试，经验的巩固与评价分享。编程教育课程在幼儿园的开展也体现在融合进已有课程和开展单独特色课程两种形式，与已有课程的融合则更需要教师灵活运用编程材料，创设合理的情境引导幼儿逐步探索。

（四）操作性

幼儿编程课程的设计与实施都应以问题解决为导向，以学习者为中心，注重幼儿在游戏化的学习情境中的自主学习和主动探究。幼儿的学习方式是通过观察和思考、体验和操作、探索和验证获得直接经验，通过与教师、与同伴的交流互动，实现多元化发展。因此，无论是图像编程还是实物编程，都是在现实空间借助实物或软件搭建起人机交互、人人交互的游戏化学习场景，在操作与探索中感受编程的乐趣。

例如，在贝芽实物编程课程中，幼儿可以几人组成小组，在操作区域内利用教师提供的各种符号铺设道路，如箭头、十字路口、金币等，并利用小贝验证猜想，这样的实际操作可以帮助幼儿直观、近距离地感受通过自己的大胆尝试获得成功的乐趣，也可以不断探索发现解决问题的最佳方案，有助于增强幼儿之间的交流与合作，提高同伴交往能力，促进幼儿社会性发展，同时激发幼儿学习兴趣，提升幼儿学习效率，使幼儿在与同伴及实物机器人的有趣游戏、互动中学习和解决问题。幼儿在使用编程工具进行探索的过程中通常会有强烈的兴趣与好奇心，或受目标任务的驱使表现出专注、投入思考状态，在充满挑战和动手操作的过程中获得空间方位的判断经验、与同伴合作的经验、与生活有关的常识经验。

（五）进阶性

幼儿编程课程的整体体系都体现着进阶性，体系内各部分都在围绕某一主线，循序渐进地增加任务难度。幼儿编程课程需要体现由低阶向高阶推进的趋势，在引导幼儿最开始接触某个编程课程时往往都有详细的介绍和引导指令，帮助幼儿先熟悉游戏情境中的基本角色，明确核心任务，而这往往是整个编程课程体系的核心主线，先通过最简单的单一步骤操作，慢慢过渡到多个简单步骤，如控制角色前进或后退。在贝芽智能编程课程中小班的前阶段课程都是在引导幼儿认识小贝和认识各种符号、路径模块等，从帮助小贝直行慢慢过渡到转弯、后退、穿过十字路口等，再逐一将这些模块组合在一起（见图3-12）。

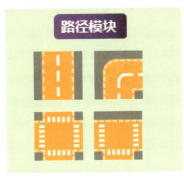

（a）起止模块　　　　　　　　　　　（b）路径模块

图3-12　贝芽智能编程课程中的简单模块

在编程课程中进阶性的教育必不可少，根据幼儿的心理发展特点和年龄特点循序渐进地开展，尤其当幼儿初次接触编程课程时的基本操作尤为重要。随着幼儿对编程课程内容的熟悉度逐渐增加，难度也可以随之增加，向挑战性越来越高的高阶课程迈进，促进幼儿在原有知识技能的基础上，获得编程能力和编程思维的提升。编程课程的进阶与幼儿在活动中的表现密切相关，在幼儿能够轻松地完成单一步骤的编程指令后，教师就可以为幼儿渗透复杂步骤的编程教育活动了。

（六）差异性

2012年教育部正式颁布的《3～6岁儿童学习与发展指南》提出："教师要充分理解和尊重幼儿发展进程中的个别差异，支持和引导他们从原有水平向更高水平发展。"幼儿的思维水平具有个体差异性，计算思维也如此。教师在开展编程教育活动时，要避免"一刀切"，接纳幼儿不同的学习方式和探索方式，使其在自己原有水平上得到提升，鼓励幼儿用不同的方法解决问题，不强求所有幼儿都能通过最简单直接高效的方式解决

问题，接受幼儿学习风格和学习能力上的差异。在幼儿编程教育过程中，强调幼儿的自主探究，因此在探究过程中要理解并接受幼儿会出现学习效果上的差异，允许幼儿大胆试错，教师扮演好观察者、引导者和支持者的角色，而非替代者。教师在设计教育活动时，针对幼儿的个别差异灵活调整计算思维教育的目标、内容、方式和策略等，提供丰富、可操作的活动内容，以满足幼儿计算思维发展的层次性和差异性，支持和引导幼儿在自己的原有经验或水平基础上得到发展，努力使每个幼儿都能获得满足和成功。

就一次教育活动而言，教师可以设计不同层次、不同难度的编程活动，允许幼儿从低阶到高阶逐渐探索尝试，自由选择适合自己水平和能力的活动。例如，在某次贝芽实物编程的课程中，"小贝"为了完成"环保小卫士"的任务可以在行进路径中搜集金币，搜集的金币越多，难度就越大，教师在两组幼儿的任务中先分别设置了获得两枚金币的小目标，对比发现A组幼儿能够用较少的步骤较快地到达终点，因此，教师在后续阶段通过提出更高要求来为幼儿的编程活动增加挑战性，促进幼儿在原有基础上进一步提升。

此外，教师应当促进每个幼儿富有个性地发展，对于计算思维能力较强的幼儿，教师可提供有难度、有挑战性的编程机会，激发幼儿解决编程问题的主动性，积极调动已有经验、灵活运用策略，进一步发展计算思维。对于计算思维能力较弱的幼儿，教师也应掌握他们的具体情况进行不同的指导，对症下药，并适当加以点拨和启发。

幼儿园可以根据自己的实际情况和幼儿的身心发展状况，因地制宜地开展具有年龄适宜性的编程活动。对于一些可以由教师自主编创的活动模块，教师可以结合幼儿园开展的主题活动，设置不同任务，依托幼儿的已有经验，创设并利用生活中常见的场景引导幼儿以编程活动解决问题，逐步培养幼儿利用计算思维解决问题的能力。

拓展阅读

毋因"少儿编程热"忽视非逻辑、想象力、生活经验的重要性

编程教育作为信息素养提升的一个重要组成部分，在当代基础教育中的重要性不言而喻，但这种人机语言的学习是被夸大了的。下面将从教育学视角对此展开辨析。

生活世界中非逻辑比逻辑更重要

生活中，我们除了要与机器对话外，还要与人对话，前者只是为了利用机器解决某个问题，而后者才是人类生活本身及其创造文明的本质。生活语言和人机语言这两种对话方式对逻辑有着不同的要求。在日常生活中，语言的理解不在于其多么符合"逻辑"，或者多么完美精确，而在于语境，在于放置于"上下文"中，在于回归到整体情境和实际生活情境中理解，当说一句话"不合逻辑"的时候，实际上已经是将语言脱离了生活。人们日常生活中的实践逻辑包含了科学逻辑，但远不止这些，生活不是单纯的逻辑，也允许大量非逻辑存在。对处于认知及人格成长期的少年儿童来说，他们在成长过程中接受的教育不应是片面且过度的，编程训练对他们绝不是最重要的，更不能借此忽略甚至替代生活世界中的实践逻辑。

现实生活中的实践逻辑与隐喻的思维方式非常相似。作为一种思维方式，隐喻是直接认同，逻辑是层层扩展；隐喻诉之想象，逻辑诉之规则；隐喻追求独特和生动，逻辑追求严谨和雄辩；隐喻善于创造，逻辑长于说明；隐喻的阅读依赖于文化背景和个体生活经验，而逻辑的掌握则依赖于专业知识的学习和应用……儿童面对的首先是一个生活世界，使用的是日常语言，因此对他们来说，直接认同、想象、独特和生动、创造、文化背景和个体生活经验等非逻辑秉性在他们身上是重要且必需的存在。其实，对成年人又何尝不是这样。生活世界和人的问题的深层把握是很难通过逻辑途径完成的，日常语言本身就携带了大量隐喻，消解甚至对抗着科学语言的"逻辑化""客观化""中性化"。

编程教育虽然属于以科创精神为特点的现代信息技术课程的主要内容，但编程思维不等同于创新素养。标准化、程序化的解题方法有可能导致机械化、单一化的思维方式。如果任由市场把少儿编程培训拔得过高，儿童过早、过度参与编程培训，那么宣称提升科技创新能力的编程培训反而有可能禁锢思维，扼杀孩子的想象力。

年轻人富于想象，而老年人长于推理。儿童本应充满童真、想象力和感性，有条理和思路清晰是随着年龄增长逐步增强的。想象力来源于早年发展获得的常识，而常识产生于介于真假之间的"或然性"。意大利思想家维柯就强调了"或然性"对想象力的重要性，并反对运用批判的方法在维护真理、摆脱谬误的同时，还从头脑中清除所有"或然性"。教育者不应当剥夺孩子的这种想象能力。为了保护想象力，"常识必须尽可能早地从青年人那里发展起来。要不然，在成年之后，他们的日常行为就会变得怪诞而狂妄"。因此，过早接受强调真理性、客观化的编程训练，势必会压缩基于"或然性"的常识的生存空间，从而剥夺并影响孩子的想象力。

编程技能并不需要"童子功"

上海 STEM 云中心主任张逸中认为，学编程是急不出来的，"开窍"了才学得好，超前学习反而有可能导致一知半解、思维定式、后劲不足。有些技能如竞技类体育项目、乐器演奏等，需要在童年期依靠肌肉记忆、听觉记忆等打下坚实的基础，因此要靠童子功，但编程学习不是。少儿编程不是依样画葫芦，更多的是习得一种在人工智能情境下、依靠人机对话方式达成解决问题的思维能力，而思维运用与提升都是建立在一定知识基础上的，需要多种基础能力的搭建与匹配。思维的开始阶段是经验，情境应该具有引起思维的性质，生活中的经验感才是教育的逻辑起点。

对少儿来说，首要的事情是尽可能多地感受体验外在生活，注重学习与现实世界的联系，而不能在儿童还"脑袋空空"的时候让他们一头扎进人机交互界面，使心智被程式化人机语言固化。总之，编程技能并不需要"童子功"，编程App和类似玩具不应取代传统童年游戏活动。皮亚杰的认知发展理论认为，儿童成长过程中每个阶段都有必须完成的任务，否则就会为将来发展的自我统一性埋下隐患。因此，我们应该顺乎自然地教给儿童科学，这样，儿童就渐渐地而不违反天性地习惯于按照他们的年龄能力来推论。过早、过度投入学习编程，不仅事倍功半，还会对儿童的全面发展形成诸多潜在不利影响。如很多儿童的绘画作品画的是人机交互画面，这虽然可以看作人类在时代特征投射

下的一种自适应，但更是信息时代电子产品对人的异化、儿童生活经验贫乏产生的现象。

编程培训只应是面向特定人群的小众化项目，如同音乐、舞蹈等兴趣班一样平常，不能走向无序无度的资本赛道和竞赛狂欢。人人都要会驾驶，但不必人人都会汽车修理。过度追捧所谓"通往未来的语言"，将人机语言的"逻辑化""客观化""中性化"过早植入少儿的全部心智，不仅焦虑了家长，还会异化了少儿，最终也会使编程教育不可避免地陷入类似"全民奥数"的怪圈，成为教育花园里盛开的一枝罂粟。如何在实现国家科技强盛的同时培育出健康、有趣的灵魂，这是值得我们反思的。

（资料来源：郭学军，汪传建.少儿编程培训热的教育学审视[J].人民教育，2019（10）：62-66.）

专题 二 幼儿编程教育与幼儿园教育活动的融合

学习任务单

项目	具体内容
学习目标	1. 了解编程教育在幼儿园教育活动中的应用方式。 2. 了解并掌握幼儿园编程教育组织与指导的策略和方法。 3. 能在具体的编程教育活动中进行有针对性的指导。 4. 树立科学的幼儿编程教育理念。
学习重难点	学习重点：了解并掌握幼儿园编程教育组织与指导的策略和方法。 学习难点：能在具体的编程教育活动中进行有针对性的指导。
学习时数	6学时。
学习建议	扫描正文中的二维码，进一步了解幼儿编程教育在幼儿园教育活动中的应用及组织与指导的要点。
学习运用	结合实际案例，能对幼儿在编程学习活动中的表现，给予适时恰当的指导。

情境问题

张老师所在的幼儿园最近在开展"贝芽实物编程"的幼儿编程特色课程，可是如何将幼儿编程教育有效融入幼儿园教育活动中？在组织和实施幼儿编程教育时又有哪些注意要点？教师怎样才能有效指导活动中的幼儿？作为新手教师的张老师对此深感疑惑。

请扫码观看幼儿园机器人编程活动公开课"我帮小贝办法多"，重点分析幼儿的行为及教师的指导方式。

活动中幼儿的行为	教师的指导方式

贝芽机器人编程游戏活动：我帮小贝办法多（大班）

编程在幼儿园教育领域中有多方面的应用。由于学前儿童身心发展的特点，不适宜长时间在电子产品上操作图形化编程，因而幼儿园的编程教育以实物编程为主。实物编程指令的物理形态主要为积木块、按钮等，它改变了通过键盘输入代码和鼠标拖动图标的编程形式，避免了学前儿童在计算机界面中的操作困难。实物编程工具更像是他们熟悉的游戏形式——积木、遥控器和拼图，对儿童的动作技能要求很低，如堆放、打开开关、按下按钮、拼装拆卸，因而使编程成为一种手、脑直接作用的活动。它具有直接使用实物操作、采用简化的编程语言、具有较强的现实互动性等特征，非常符合3～6岁这一年龄段幼儿身心发展的特点。幼儿园开展编程教育的目的不是让幼儿学会写编程代码，而是培养幼儿对编程的兴趣，促进幼儿编程思维的发展，从而进一步促进幼儿五大领域综合素养的提升。

《幼儿园教育指导纲要（试行）》第三部分"组织与实施"中的第二条指出："幼儿园的教育活动，是教师以多种形式有目的、有计划地引导幼儿生动、活泼、主动活动的教育过程。"编程教育既可以以系统的特色课程形式融入幼儿园教育活动，也可以作为补充的形式融入幼儿园已有的专门课程或园本课程。编程教育在幼儿园的应用场景主要在集体教学活动和游戏活动中开展。针对不同类型的活动，教师在开展编程教育时要进行有针对性的指导。

一、幼儿编程教育与幼儿园教学活动

集体教学活动是幼儿园教育活动的一种重要形式，是教师有目的、有计划地引导幼儿通过直接感知、实际操作和亲身体验获取经验，帮助幼儿逐步养成积极主动、认真专注、敢于探究和尝试、乐于想象和创造等良好学习品质的过程。教学活动包括活动设计与准备、活动实施和活动评价三个环节，教师通过集体、小组和个别学习的方式组织学习活动。在组织幼儿进行学习活动的不同环节，教师要注意把握以下要点。

（一）活动设计与准备

首先，教师要了解幼儿的已有经验。幼儿的有效学习一定是建立在最近发展区的基础上，否则必然会影响幼儿的学习效果。学习活动开展前，教师要有意识地了解幼儿已有的经验，注重个体差异。在幼儿已有经验的基础上，制订本次编程教育的教学计划。教师可以结合班级幼儿的认知发展水平，为其设置不同难度的编程游戏任务。例如，教师可以通过规定途经点、设置障碍物、限定使用的指令卡种类、限定使用的指令卡数量等方式，使编程任务难度水平有一定差异，从而引导幼儿在已有的发展水平上面进行适度的挑战，从而获得解决问题、应对挑战、战胜困难的成就感和自豪感。

其次，教师要合理设计教学活动的过程。3～6岁幼儿思维以直观形象为主，抽象逻辑思维不断萌芽。在设计编程教学活动时，要符合幼儿的兴趣。3～6岁幼儿喜欢听故事，因而教师可以在活动导入部分，创设有趣的故事情境，将幼儿引入童话情境、生活情境等情境中，让幼儿带着问题、带着任务、带着角色去参与编程学习活动，激发幼儿内在的求知欲与探索欲。教师在设计编程教育活动过程时，要注意把握活动过程的层次性，由易到难、由浅入深地引导幼儿获取编程的相关经验。借助游戏的形式，帮助幼儿掌握本次活动的要点，从而达成预设目标。例如，在一次大班编程活动"奇幻寻宝"的过程中，教师先通过机器人小贝要去神秘岛寻找宝箱的故事导入，接着，通过主题探究环节引导幼儿观察、了解不同模块的特征及与幼儿探讨如何设计寻宝路线，然后鼓励幼儿进行编程操作体验，最后鼓励幼儿进行编程学习的分享和交流，即通过故事导入—主题探究—编程操作—分享交流这几个环节，层层递进引导幼儿进行编程学习（见图3-13）。

（a）神秘岛故事导入

（b）主题探究

（c）幼儿进行编程操作

（d）分享交流

图3-13　大班编程活动"奇幻寻宝"的过程

最后，根据制订好的教学计划，教师在开展教学活动前，要充分地做好材料准备。实物编程采用的是实体的积木、机器人等，生动直观、便于操作，能吸引幼儿的注意，调动幼儿参与的积极性。但为了吸引幼儿的兴趣，确保教学活动的顺利开展，教师还可以借助其他图片、视频、实物等，帮助幼儿理解编程操作的规则、要求等。除此之外，实物编程还需要教师根据本班教学计划、班级人数，提前合理安排好教学活动空间，放置编程学习需要的配套教具。

（二）活动实施

活动实施是将事先制订好的编程教学计划付诸实践的过程。在实施幼儿编程教育活

动时，教师应注意以下几项要点。

1. 遵循以幼儿为本的理念

幼儿园教学活动是教师和幼儿共同参与相互配合的过程。在实施编程教育活动时，教师要遵循以幼儿为本的理念。一方面教师要激发幼儿的兴趣，调动起幼儿的积极主动性，启发幼儿动手、动脑、动口，多种感官共同参与活动。另一方面，在组织活动过程中，教师要面向全体幼儿，注重个体差异。例如，在向幼儿进行提问时，对于能力较弱的幼儿，可以请他们回答一些具体、形象、答案明显的问题；对于能力较强的幼儿可以请他们进行归纳、概括一些内容。另外，对一些动作快、反应迅速的幼儿，要给予充分发挥的条件。

在开展编程教育过程中，教师只有坚持以幼儿为本的理念，尊重幼儿的主体性，真正成为幼儿编程教育活动的参与者、合作者和引导者，才能变"要我学"为"我要学"，使幼儿真正成为学习的主人。

2. 灵活运用多种教学策略

在开展编程教育活动过程中，教师可以灵活采用游戏化教学、探究式教学、小组合作教学等多种教学策略，充分调动幼儿参与编程活动的积极性。

游戏化教学是通过游戏的形式开展教学，即将游戏、游戏元素、游戏机制等融入教学活动。游戏是儿童的天性，《3～6岁儿童学习与发展指南》中明确指出："幼儿的学习是在游戏中进行的，要珍视游戏的价值。"因此，在活动的实施过程中，教师可以通过故事的形式导入，创设任务与情境，通过游戏化的方式，激发幼儿学习的内在主动性，让幼儿在体验游戏快乐的同时进行编程学习。例如，在大班编程活动"舞会要开始啦"中，教师设计了参加国王舞会的游戏，要求幼儿以最快的速度收集"舞裙""水晶鞋""南瓜马车"并到达"城堡"。幼儿在体验游戏的过程中，能够认识不同装备模块，理解最短路径的含义。

探究式教学，又称"发现法""研究法"，是指以学生为主体，让学生自己通过阅读、观察、实验、思考、讨论、听讲等途径去独立探究，自行发现并掌握相应的原理和结论的一种教学方法。在幼儿园开展编程教育活动，教师可以在每次活动中给幼儿创设若干任务或问题，鼓励幼儿通过动手操作、尝试、反思、修正，自主探索解决方案，从而获得成就感，形成持续的学习动力。例如，在大班编程活动"寻宝之路"中教师这样导入："传说在遥远的地方，有一个神秘岛，岛上有一个宝箱，历经多年，从未有人得到过它！小贝梦想着能够找到宝箱！小朋友们可以做勇敢的寻宝者，帮助小贝在沿途集齐指南针、藏宝图、钥匙这三种装备，到达神秘岛，就可以成功打开宝箱了。"在这个活动中，教师就是创设去神秘岛寻找宝箱的任务情境，让幼儿带着任务进行探索，在探索的过程中认识不同的编程装备模块，了解编程模块各自的功能。

小组合作教学主要利用小组成员之间的分工合作，共同利用资源，互相支援去进行学习。幼儿经过独立思考后，再参与到小组合作学习中，先让幼儿自行讨论选择解决方案，然后同伴之间一起协作进行编程或是小组就编程方案进行交流分享。

活动实施过程中，灵活运用多种教学策略，让幼儿在玩中学、学中玩，才能最大限度激发幼儿对编程学习活动的兴趣，确保编程教学的有效开展。

3. 合理安排活动时长

教师在实施编程教学活动时，要考虑到幼儿的年龄特点，合理安排单次活动的时长。幼儿在3～6岁这一年龄段，神经系统发育不完善，身体平衡与协调能力较弱，以无意注意为主，有意注意保持时间较短。如果一次活动的时间过长，既不利于幼儿的身心健康，也不能保证活动的效果。小班集体活动时间以15～20分钟为宜，中班集体活动时间为20～25分钟，大班集体活动时间为25～30分钟。此外，教师在实施编程教育时，还要合理分配时间，注意合理安排单次活动的时长。教学时间安排上要突出目标的达成，特别是对于重难点的学习一定要分配充分的时间，以达成编程教学的预设目标。

（三）活动评价

活动评价是指根据一定的评价标准，运用切实可行的评价手段，对教学活动进行价值判断的过程。《幼儿园教育指导纲要（试行）》明确指出教育评价的重要性，认为教育评价是幼儿园教育工作的重要内容，是促进幼儿发展、提高幼儿教育质量的重要手段。开展编程教育活动评价，有助于教师及时监测、了解、分析编程教学活动的效果。通过对编程教育活动评价中存在问题的分析与总结，可以为教师进一步调整、优化教学活动方案，为发挥编程教育对幼儿的促进作用提供依据和方向。教师应关注评价的实际功能与价值，着眼于幼儿编程思维的发展，有针对性地对幼儿进行评价，并注重评价的激励功能。

1. 注重幼儿编程素养的发展

国内外诸多研究表明，幼儿编程教育的主要目的在于培养幼儿的编程素养。有学者认为，学前教育阶段的编程课程主要目的应该是帮助幼儿通过设计程序而非仅仅记住算法和操作来解决问题，在实现这一目的的过程中使幼儿的计算思维得到发展。[1]幼儿编程素养是一种适用信息化时代的综合素养，包括数理逻辑思维、解决问题的能力、细致严谨的习惯、团队合作能力等。因此，教师在开展编程教学活动评价时，不能只侧重编程知识的学习，而更多应侧重于幼儿编程素养的培养。

2. 充分发挥双主体评价的作用

对幼儿编程教育进行评价，较为常见的是教师以教的主体为评价切入点，即教师对编程教学设计、教学内容、教学方法、教学效果等方面进行评价。而幼儿作为教育活动的主体，其在评价中的主体地位是被忽视的。秉承"以幼儿为主体""以幼儿的发展为本"的教育理念，教师应关注幼儿的主体地位，在评价过程中，积极鼓励和引导幼儿对自身的学习情况进行评价。此外，在活动中，也可以引导幼儿进行同伴互评。例如，幼儿在

---

① PAPADAKIS S，KALOGIANNAKIS M，ZARANIS N. Developing fundamental programming concepts and computational thinking with ScratchJr in preschool education: a case study［J］. International journal of mobile learning and organisation，2016，10（3）：187-202.

完成教育机器人编程活动任务时，教师可以引导幼儿进行自评，并引导幼儿比较同伴间路径设计的区别，开展同伴间互评，从而学会进行路径的优化，进而促进幼儿逻辑思维的发展。

3. 借助可视化的评价手段

3～6岁幼儿思维具有直观性的特点，因此，在开展双主体评价时，教师可以采用文字、符号、照相、摄像等方式及时简要记录有价值的活动片段或幼儿在编程学习过程中遇到的问题，鼓励幼儿积极分享编程学习的感受和经验，反思和分析遇到的问题及原因，引导幼儿进行自我评价和同伴评价。

二、幼儿编程教育与游戏活动

著名教育家杜威说幼儿阶段"生活即教育，游戏即生活"。我国著名儿童教育家陈鹤琴认为：儿童视游戏为生活，儿童好游戏是天性。《幼儿园工作规程》明确提出幼儿园教育应"以游戏为基本活动"。游戏是幼儿喜欢的活动，幼儿在游戏活动中得到发展。教师在游戏活动中开展编程教育应把握以下几点。

（一）适宜的游戏环境准备

编程教育与幼儿园游戏活动的融合，主要体现在区域活动中。区域活动，又称"区角活动"或"活动区活动"，是教师根据教育的目标和幼儿的发展水平，有目的地创设活动环境，投放活动材料，让幼儿按照自己的意愿和能力，以操作材料为主的方式进行个别化的自主学习的活动。它是幼儿园一日活动中重要的教育形式之一，能有效运用各种资源，组织幼儿进行自主选择、合作交往、探索发现的游戏活动，对幼儿的身心发展有着举足轻重的作用。它以独特的"自由、自主、宽松、愉快"的活动形式深受幼儿的欢迎，为幼儿提供了充分自主活动的表现机会，最适合让幼儿进行个性化的学习。

意大利著名幼儿教育家玛利娅·蒙台梭利博士在其著作《童年的秘密》中写道："儿童只有在一个与他的年龄相适合的环境中，他的心理生活才会自然地发展，并展现他内心的秘密。"成年人的作用就是为幼儿提供一个"有准备的环境"。

让幼儿在区域活动中进行编程学习，教师要为幼儿提供良好的环境，合理布置编程的空间和投放编程材料。

1. 空间布局

在区域活动中开展编程教育，要进行合理的空间布局。区域活动的实现得益于环境的创设。幼儿园开展编程教育除了可以在专门的编程功能室里进行外，也可以在班级内部开展。鉴于编程游戏的特点，在班级内部建立专门的编程区角，一般不需要占用太大的空间，但空间也不能过于狭小，以能容纳4～6名幼儿为宜。如果空间面积过于狭小，幼儿人数又多，区角活动过于拥挤，则很难开展编程游戏活动。因此，教师在设置班级区角时，要因地制宜，合理、立体地利用空间进行布置。如果班级的区角较多，空间规划还需要注意动静结合。编程游戏需要幼儿进行一定思考，同伴之间需要进行协商，因而在布置的时候可以远离较为吵闹的区域（如表演区）。

2. 科学的编程游戏材料投放

教师在对专门的编程区角进行材料投放时，要根据不同的编程学习内容投放相应的材料。首先，教师要确保实物编程各个模块材料的数量和类型是充足的。其次，教师要结合不同年龄段幼儿身心发展的特点及教育目标，投放适宜的材料。例如，小班、中班的幼儿以具体形象思维为主，适宜简单、基础的编程任务，而大班的幼儿抽象逻辑思维逐渐萌芽，问题解决能力相对较强，适宜进阶的、具有一定挑战性的编程任务。因此，在编程区角材料提供上，小、中班可以提供情景互动的编程玩具材料，到大班可以在此基础上，提供模块指令编程材料。

（二）适时的编程游戏活动指导

1. 丰富编程前经验

相较于其他区角游戏，编程游戏的门槛更高，更加需要成年人对游戏进行引导。若要幼儿自主地进行编程游戏，需要教师在游戏前丰富幼儿编程的前经验，如能认识机器人、模块指令材料，并知道正确的使用方法。因此，在开展编程游戏之前，教师需要结合集体教学活动给予幼儿丰富的编程前经验，在幼儿对编程玩具材料有充分的认识之后，才能确保游戏正常开展，避免幼儿无所事事或随意乱玩的情况出现，这样才能真正让幼儿在玩中做、做中学。

除此之外，教师还可以提供必要的材料介绍图、操作路径参考图张贴在编程区角中，通过"会说话的环境"来补充引导幼儿。

2. 共同制定区角规则

区角游戏的有序开展，离不开合理有效的规则。幼儿在开展编程游戏前，教师还要帮助幼儿清晰编程区角的规则。教师可以引导幼儿共同制定编程区角的游戏规则，如每次区域容纳的人数、材料的使用和整理的要求等。只有建立科学有序的规则，才能确保幼儿安全、有序、有效地开展编程游戏。

3. 寻找合适的介入契机

幼儿的编程游戏，离不开教师的指导。但不能喧宾夺主、包办代替，一切指导都是围绕幼儿进行的。教师对编程游戏的指导，目的是让幼儿更好地进行编程游戏，从而更好地发挥编程游戏的教育作用。教师不仅要尊重幼儿的主体地位，还要选择合适的介入契机，对幼儿的编程游戏进行适时、科学、适度的指导。通常情况下，教师的介入契机主要有以下几种：幼儿面临困难；幼儿之间发生矛盾或冲突；教师发现较好的教育契机；幼儿长时间处于无所事事的状态。教师在介入时，要注意介入的方式尽量自然、开放，避免暴力打断或干扰幼儿的游戏。教师既可以通过建议式、开放式、暗示性的语言或提问引导幼儿进行思考，也可以借助材料或同伴等媒介进行引导。此外，教师还可以通过游戏角色或伙伴的形式参与到游戏中，平行介入，从而适时地指导幼儿。

（三）及时的游戏分享

编程游戏结束后的"分享交流"环节，不仅可以帮助幼儿及时梳理和提升原有经验，激发幼儿再次进行编程游戏的愿望，还能促进师幼、幼幼间的互动，实现共享交流、相互学习的目的。教师可以事先通过拍照、拍视频等形式，记录幼儿的编程游戏作品或过程，在分享环节重点引导幼儿介绍自己的编程游戏作品，分享编程游戏的体验，与此同时鼓励幼儿进行同伴间的点评，从而引导幼儿相互学习彼此有益的编程经验，增强幼儿游戏的愉悦体验。结合编程游戏中幼儿普遍存在的问题和困难，开展同伴间的讨论，通过共同反思、出谋划策提升幼儿整体的编程游戏水平，进一步促进幼儿编程素养的发展。

专题 三 幼儿编程教育与家园合作

学习任务单

项目	具体内容
学习目标	1. 了解家园合作开展幼儿编程教育的目的。 2. 掌握家园合作开展幼儿编程教育的多种形式。 3. 能够指导家长开展多样化的家园幼儿编程活动。
学习重难点	能够指导家长开展多样化的家园幼儿编程活动。
学习时数	2学时。
学习建议	进入 https://scratch.mit.edu/、code.org 页面注册信息，尝试体验幼儿编程游戏。
学习运用	利用贝芽家园版系统为幼儿设计几个适合在家里开展的编程活动并基于数据分析幼儿的学习情况。

情境问题

　　大班的小乐最近喜欢上了编程活动，家里没有机器人她就找爸爸要手机下载App，根据提示制作会跑会跳的动画场景，爸爸看她成天抱着手机十分担心，怕她玩手机伤害眼睛，而且马上要上小学了，每天将时间浪费在手机的游戏程序里也不利于幼小课程的衔接，因此没收了手机再也不许小乐玩了。亲爱的同学，如果你是小乐的主班老师，你会怎么劝说小乐爸爸？

学习前的观点	学习后的思考

一、幼儿编程教育与家园合作的目的

以上情境是幼儿家中出现的现象，这在如今幼儿编程推广的过程中是具有普遍性的。基于教学人员和物质设施的限制，家庭中开展编程教育常以电子设备为主，难以利用道具进行实际操作。同时，由于接受的教育观念不同，在电子产品上进行编程学习，容易使家长误以为幼儿借机玩游戏，从而产生不必要的矛盾。

（一）促进双方取得幼儿编程教育共识

幼儿编程教育与家庭合作共育的首要任务就是促使家长与幼儿园及编程教育机构在教育理念、目标、内容、原则和基本方法等方面取得共识。家庭教育个性化强，弹性大，家长对儿童的教育有着自己的价值追求和理想，其教育内容和方法各异，且事与愿违的现象还不少。尤其编程作为新时代的产物，与众多家长接受的教育有一定的差异，因此在家庭教育自实施的过程中难以达到科学性和高效性。只有遵循学前教育规律、符合幼儿年龄特点和尊重个别差异的教育才是高质量的教育。因此，教育机构与家庭合作共育要以双方共同的责任和目的为基础，增进家长对幼儿编程教育规律的认识，树立现代的教育理念，明确编程对儿童发展的促进作用，掌握教育原则，了解与儿童身心发展特点相适应的教育内容和方法，这是实现合作共育的前提。

（二）整合家庭教育资源，实现编程教育效益最大化

作为学前教育开展的重要组成部分，家长、家庭的参与能有效促进幼儿编程教育的实施。要引导家长关心、支持幼儿学习编程相关内容，主动与幼儿积极互动、力所能及地参与园所、班级有关的幼儿编程教育教学活动，不断提高幼儿编程教育活动开展的质量。此外，家长、家庭有着极其丰富的教育资源，不要让其流失或浪费。除了使家长明确家长负有幼儿教育养育的社会责任外，还要让家长行动起来，通过合作共育体验到他们自己教育儿童的潜能和潜力是很大的，体验到自己参与丰富多彩的学前教育的无限乐趣和带来幼儿明显进步的喜悦。教师要想办法发掘、盘活家长与家庭教育资源，使家长做到：关心幼儿发展，在家要与幼儿互动、一起活动，积极地影响幼儿；重视并积极配合教育机构的教育活动向家庭和社区延伸；积极参与教育机构开展的家长开放日、助教等活动；家庭废旧物品、信息等资源的提供；等等。

（三）促进双方有效互动，磋商共育策略

实施编程教育要以了解教育对象的发展特点、状况为基础，携手合作共育必须争取家长的理解、支持和主动参与，双方建立相互间的信任关系是不可或缺的。这就要求教师主动与家长沟通，由于家庭的生活物质环境、文化心理环境、家长的教育影响环境各不相同，与幼儿园及校外编程机构有很大的差别，幼儿在家和在班的表现情况具有很强

的个体性，教师要主动沟通了解，并引导和要求充分了解幼儿在家的学习条件和学习情况，双方相互全面了解，共同分析孩子的发展，拟定需要配合教育达到教育目标，磋商并实施共育策略，促进儿童身心健康发展。

二、幼儿编程教育与家园合作的形式与内容

（一）对家长进行编程教育观念的普及

只有在明白了少儿编程是什么以后，家长才能有效参与少儿编程教育，判断要不要让幼儿学编程，幼儿需不需要培养这些能力。一旦确定幼儿需要学编程，那么家长就需要积极参与到幼儿的编程教育中去。作为幼教工作者，想要提高家长的教育观念必须让其认清当前编程教育深入发展的形势。可以通过多种方式提高家长的教育观念，如订阅信息、宣传栏、培训宣讲会等，进一步提高家长对编程教育的认知，帮助家长认清当前编程教育的形势。同时，可以利用信息技术培养幼儿与家长的学习思维。当前，很多编程教育机构正通过信息技术进行推广。信息技术既是普及编程教育的有效途径，也是增强家长对幼儿编程教育认知的良好平台，利用互联网、大数据、云计算、5G、人工智能等多种信息技术加强编程教育的推广，营造良好的编程教育氛围。幼儿园可以定期召开专题讲座面向家长培训幼儿编程教育有关知识，也可以通过微信群、QQ、钉钉等传播渠道向家长推荐自学编程的途径和编程教育知识。例如，麻省理工学院的Scratch实验室、Code.org等网页都有丰富的编程教育学习资源，家长还能在上面查看幼儿的学习进度。此外，还能利用可视化编程游戏促进亲子间的学习交流。当前，幼儿编程主要通过编程游戏启蒙与可视化图形编程等课程，如通过游戏学习拆分任务、拖曳模块等培养幼儿的计算思维和解决问题的能力，提高幼儿的编程思维和创新能力，而沉浸式体验正好可以满足幼儿和家长对编程教育的认知需求，通过实践认识和理解编程的教育形式，有利于转变家长的编程教育思维，认可和赞同幼儿编程学习。此外，幼儿园还可以利用网络渠道与网络课程软件公司合作，开发网络编程教育课程，如贝芽与幼儿园合作开设的幼儿编程课程等，幼儿和家长可以在线观看、学习幼儿编程课程，让家长辅导幼儿完成编程课程学习，通过课程学习提升幼儿和家长的编程学习能力，这在一定程度上起到推广幼儿编程教育的作用。

📖 | 拓展阅读

Code.org是2013年美国民间组织创立的非营利编程学习网络，创设初衷是让各类基础人群接触网络知识，因此提出了"任何人都可以学习计算机科学"的口号。网站的教学理念是利用游戏的形式，把编程的基础概念，拆解成小模块，而自学者可以在每个小游戏框架下理解和尝试各个小模块的作用，完成每节课，也就是每个小游戏的任务，就

可以解锁下一个新功能。升级打怪，不断试错，夯实知识，乐在其中。适合没有编程基础的幼儿和愿意陪同幼儿学习编程的家长一起参与（见图3-14）。

图3-14　code.org网络主页

（二）结合实际生活拓展课后幼儿编程教育方式及活动范围

幼儿编程不是传统意义上的编程，早期幼儿教育以引导幼儿探索锻炼逻辑思维为主，因此不要站在应用程序设计的角度去理解幼儿编程，其有着自己特定的工具和教学方法。幼儿逻辑思维能力不够强大需要锻炼和提高，但不能说幼儿没有逻辑思维，饭前洗手，穿鞋的步骤等都是幼儿逻辑思维的体现。作为学科融合（STEAM）教育的重要手段，家园合作中的幼儿编程教育应改变被动"填鸭式"的学习方式，结合家庭生活实际，让幼儿在不断的探索中提升解决问题的能力。例如，日常生活中常见的对于吃饭的判断：饭太烫不能吃—用嘴吹一吹—饭不烫了可以吃，当和幼儿有了这样的讨论后，家长可以引导幼儿尝试画出流程图（见图3-15），以此锻炼幼儿逻辑思维，也让学习的过程更有趣。

（三）引导家长做好亲子活动，共同创设良好的编程教育环境

常规的幼儿园亲子活动包括迎新活动、家长开放日、亲子课程、生日会、春游秋游等，在开展此类活动的过程中可以有意识地加入编程活动，引导幼儿和家长共同参与并完成任务，如可以布置课后作业让父母和幼儿一起进行和编程有关的绘本阅读，在日常家园活动中共同习得编程教育。

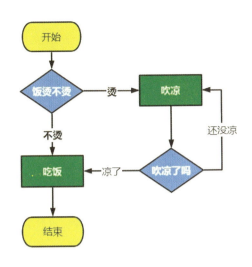

图3-15　吃饭的流程图

　　此外，幼儿园可以组织编程赛事，如乐高教育每年会举办FLL科创活动大赛，比赛采用团队挑战形式，按照参赛者年龄分为青少年机器人挑战活动（FLL Challenge，9～16岁）、少儿探索科创活动（FLL Explore，6～10岁）和幼儿发现科创活动（FLL Discover，4～6岁）。2022年，这一赛事的主题是"智慧联运"，来自全球110多个国家的4～16岁的参赛者共同研究、思考和变革物流运输及相关行业。随着全球疫情逐步得到控制，经济得以复苏，通过飞机、汽车、轮船、铁路等工具的物流运输持续影响着人们的生活和社会的发展。人类需求的多样性在不断增加，各种新型工具，诸如人工智能、自动化机器人的出现，帮助小到快递包裹和生鲜外卖，大到集装箱承运的海陆空运输，都引发我们的思考：如何以更加高效、安全、多元化的方式完善物流运输行业？参赛团队可以就货品运输、配送、仓储、包装、搬运、装卸、流通等任何一个环节探索思考，创新研究，形成新的解决方案，去改造甚至变革整个物流行业。无论是否参赛，幼儿园都可以参照此类赛事流程开展家园活动，设计一个幼儿感兴趣的、能发挥幼儿发散性思维的主题，如恐龙，一起探讨恐龙生活的时代、吃的食物、地球地貌等，然后搭建让幼儿发挥的平台，让幼儿表达出自己的想法。

三、幼儿编程教育与家园合作的注意事项

（一）提升教师编程素养，赢得家长信任和支持

　　尽管人工智能的发展取代了许多机械化低效率工作，但教书育人的教师是难以被取代的，但这并不是说教师这一职业是一成不变的，相反，教师这一职业正在迎来巨大的挑战和机遇——教师角色不断发展和转变，教学时间被更高效地使用，专业知识更新和

扩充。与幼儿园日常教学活动相比，幼儿编程教育开展的最大问题是缺乏专业的师资，许多幼儿教师在教育过程中并未经历过系统的编程教育培训，在开展教育活动的过程中缺乏专业的素养，也难以取得家长的信任。因此，想要更好地帮助家长树立对编程教育的正确观念，教师自身必须习得相关知识，平衡发展教师的个人和专业能力，积极参与各项编程教育培训，仔细学习编程教育知识，将教师的专业发展融入日常。为弥补目前长短不一、各自为政的培训体系的弱势，高校等相关师训机构还可以建立专门的教师幼儿编程教育培训体系，提高幼儿教师自身编程素养。加深对幼儿编程课程的认知与理解，结合本园优势与特色，开发本园的幼儿编程课程，在培训中与其他幼儿编程实践者讨论、交流、建立联系与合作，在这样的关系中，更有利于教师在支持性环境中探索、建模、反思实践中遇到的问题。如他们是如何把编程教育整合进日常活动的？如何在与幼儿互动时强调编程话语核心内容，和幼儿一起探索与调查的？如何在一日生活中抓住编程教育契机的？如何反思实践？教师之间是如何协同合作的？这些都要求教师细心观察幼儿在日常生活、学习、游戏中的表现，遇到的问题与困惑，巧妙而适时地抓住编程教育契机，发展幼儿的创造性思维与能力，与其他教师合作探讨，并成为"会反思的实践者"，在探索周期中不断进行反思、实践、再反思，不断优化课程，满足幼儿的实际需求。

（二）挖掘家长资源，追求家园合作效益最大化

幼儿编程活动开展的原则之一就是本土化，尽力寻找当地资源为编程主题，根据幼儿生活经验和自身背景为幼儿创设熟悉的情境从而促进幼儿自主学习，在所有教育资源中，家长资源是重要组成部分，可以积极动员家长力量，通过合作共育让其体验到自己教育儿童的潜能和潜力，同时教师要梳理家长背景，盘活个体教育资源，如对班级有编程背景的家长可邀请其入园讲座，或参加助教活动等，通过专业知识共享带动编程教育活动开展；另外，要重视并积极配合教育机构的教育活动向家庭和社区延伸，让家长在多方引导下做到关心幼儿发展，积极与幼儿互动，一起学习、一起进步。

（三）努力提高家园双方合作共育的能力

家园合作开展编程教育要做到有目的、有计划，因此在开展活动前应让家长及时了解学前教育工作方针、活动开展的意义和目的，将实操事物与动手做活动相结合，提前和家长进行沟通，放手让幼儿去发现解决问题的方法和实践，力图为幼儿编程创造一个宽松的心理活动环境。为了帮助家园双方更好地提升共育能力，可以借助编程系统创设的有利环境共同监督幼儿学习。例如，贝芽创设的家园共育系统中就设立了点名卡、学习记录表等校园通用记录模式（见图3-16），能够帮助家长及时了解幼儿的编程学习情况，同时基于幼儿能力现状进行科学精准的分析，实时形成指数报告确保家长教师能根据幼儿能力发展及时调整教学策略，提供适宜有效的教学支架（见图3-17）。

图3-16 贝芽家园共育系统的点名卡和幼儿学习记录表

图3-17 贝芽家园系统的幼儿能力分析雷达图

（四）家长要注重在日常生活中对幼儿解决问题能力的引导

3～6岁幼儿的逻辑思维还处于启蒙阶段，编程教育的开展更多的是引导幼儿通过解决问题形成逻辑认知，因此在家庭教育中依据日常生活中的常见问题对幼儿进行基础知识的储备和思维层面上的训练，对幼儿编程能力的培养十分重要。玩桌游就是非常好的培养幼儿编程思维的方式。桌游的游戏规则无非是随机、判断、循环、计算等，一步一步地组合起来，相当于在幼儿脑海中画了一张程序流程图。例如，飞行棋的游戏规则就可以转化为编程语言。A扔骰子生成随机数。判断随机数是否为6，如果是，则出一枚棋子，再掷一次；如果不是，则A棋子走相应步数后结束动作进入下一条指令。每个动作家长都可以帮助幼儿转换成一个可执行的指令，从而强化幼儿的逻辑思维。除此之外，编程的本质是解决问题，所以父母在遇到一些问题的时候，可以把自己解决问题的整个过程：如何想的、如何做的，用幼儿能懂的语言，条理清晰地展示给幼儿。

再如，丁丁和爸爸妈妈一起坐公交车上幼儿园。坐了很多次后，丁丁发现公交车司机每次总能准确地把车停在正对公交车站的出入门处。丁丁很好奇地问爸爸妈妈，爸爸妈妈觉得这是引导丁丁解决问题的好机会，就让丁丁自己思考出现这种现象的可能性。

最开始，丁丁觉得司机的驾驶室里有摄像头监控，等快到了就会发出警报提醒减速，为了验证这个猜想，爸爸妈妈让丁丁坐车时观察司机的驾驶室，丁丁观察了很久也没有发现任何监控设备，因此猜想验证失败。接着，丁丁在下车时，发现公交车站地面上画了一些奇怪的线，于是她又猜会不会像停车画线那样，站台上有什么标线，提示司机要把车停到标线上。第二天，爸爸妈妈专门带她去车站连续观察了5辆往来的公交车，发现确实是司机每次都会把车头停在标线的位置，这样车门就正好对准出入门。丁丁对这个发现非常兴奋，然后马上进行了类推：地铁进站是不是也采用的这种方式？我们哪天再去地铁站看看。这种提出问题、做出假设分析、验证假设的过程，既是一种很好的亲子互动，也是在教幼儿遇到问题时如何去解决这些问题。

走进贝芽实物编程

幼儿为什么要学编程？幼儿能不能学会编程？幼儿学的编程和中小学生学的编程，有什么不同？人们常常被上述问题困扰，也产生了许多模棱两可的认知。本模块通过对计算机程序语言发展历史的梳理，让你更透彻地认识编程的本质；通过介绍编程的基本算法、实物编程的设计理念，让你更深刻地理解"为什么拼接路径也是一种编程？""为什么实物编程是最适合幼儿学习的编程模式？"；通过对情景互动编程、模块指令编程两种编程模式规则的学习与实操，你将真正走进贝芽实物编程的世界，感受实物编程带来的快乐和启迪思维的魅力。

思维导图

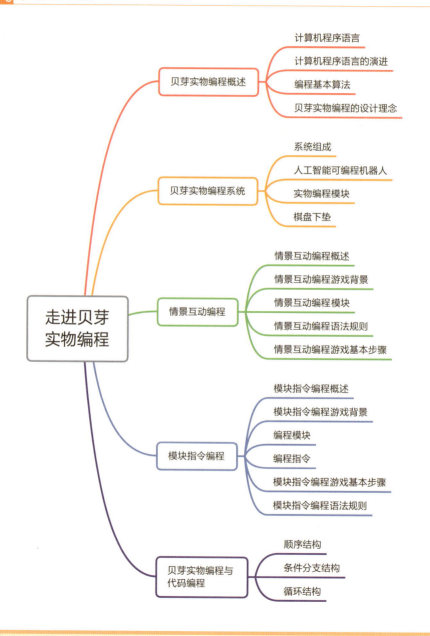

专题 一 贝芽实物编程概述

学习任务单

项目	具体内容
学习目标	1. 了解编程语言的演进历史和各种形式。 2. 理解编程基本算法，能够绘制算法流程图。 3. 理解贝芽实物编程的设计理念。
学习重难点	学习重点：编程基本算法。 学习难点：贝芽实物编程设计理念。
学习时数	2学时。
学习建议	自学全国计算机等级考试二级教材。
学习运用	用算法流程图呈现一个大型活动的组织流程。

🎯 情境问题

1. 请用自己的理解，说说什么是编程，什么是算法。

2. 实物编程为什么适合幼儿学习？

学习前的观点	学习后的思考

　　贝芽实物编程是一套专门为3～6岁学龄前儿童研发的编程方案，采用机器人、人工智能、互联网等技术，让幼儿通过对实物编程模块的操作实现程序编写、程序输入，机器人能在任务地图上执行程序，实现特定的功能，完成特定的任务。

　　什么是实物编程？这一套实物编程工具是为解决什么问题而设计，为何如此设计？要回答这些问题，我们需要先了解计算机程序语言的基本知识、演化过程，以及基本算法。

一、计算机程序语言

　　什么是程序？"程序"的英文是program，这个单词的本义是为达到某个目的而计划的一系列行为。在中文里，"程序"二字则可以解释为流程化的工作序列。

　　也就是说，程序是指指示某人每一步动作的一组指令，或者说，指令序列。

　　当教师要求幼儿按照"七步洗手法"洗手的时候，由于洗手的七个步骤形成了指令序列，实际上就是在让幼儿执行"程序"（见图4-1）。

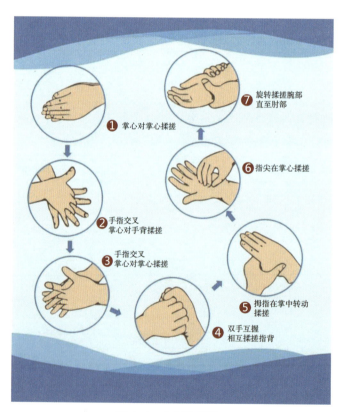

图4-1　七步洗手法

　　当程序用于指示计算机的每一步计算，或机器人的每一个动作时，就是"计算机程序"了。

　　如果用更专业的语言来表述，"计算机程序"是对计算机处理的对象和计算规则的描述。"计算机程序语言"则是用来书写计算机程序的语言。

二、计算机程序语言的演进

人类之间要进行交流，需要语言。人类使用的语言叫作"自然语言"，自然语言有很多种，有汉语、英语、法语、俄语、西班牙语……

计算机无法直接理解人类的自然语言，因此人类要想给计算机下达命令，就要借助计算机能够理解的语言，计算机程序语言便应运而生。任何语言的基础，都是一组记号和规则，根据规则由记号构成的记号串的集合就是语言。因此，计算机程序也具备以上特征，它也是一种语言。只不过它是人类与计算机进行交流的语言，是人类走进计算机世界的钥匙。

正如汉字从甲骨文到现代汉字经历了巨大的演变过程一样，计算机程序语言也经过了一个从低级到高级的演变过程。

（一）机器语言

早期的计算机十分笨重（见图4-2），使用的是由"0"和"1"组成的二进制数。在计算机诞生之初，人们只能用二进制来编写程序，即写出一串串由"0"和"1"组成的指令序列，例如"0111001011"这样的一串数字。那时候也没有键盘，程序员要先在纸带上打孔，打了孔的地方代表"0"，没打孔的地方代表"1"，将纸带输入计算机才能实现程序输入。这种计算机能直接理解的语言，就是机器语言（见图4-3）。

图4-2　早期笨重的计算机　　　　　图4-3　纸带上的程序

用机器语言编写程序，是一项十分烦琐的工作。编程人员要熟记全部的指令代码，和代码的含义，编出的程序也全是二进制的指令代码，直观性差又容易出错，修改起来也比较困难。不过，由于计算机可以直接识别机器语言，不需要进行任何翻译，其运算效率是所有编程语言中最高的。

（二）汇编语言

为了克服机器语言难读、难编、难记和易出错的缺点，计算机科学家用英文缩写词、字母和数字等助记符号代表二进制代码，于是就产生了汇编语言（见图4-4）。所以，

汇编语言又称"符号语言"。汇编语言由于采用了助记符号编写程序，比用机器语言的二进制代码编程要方便些，在一定程度上简化了编程过程。

二进制代码
（机器语言）

助记符号
（汇编语言/符号语言）

图4-4　机器语言进化至汇编语言

不过，计算机不能直接识别和执行汇编语言。用汇编语言写好的程序，也被称为"源程序"。"源程序"必须通过编译程序翻译变成机器语言（也叫"目标程序"），才能被计算机识别和处理。

（三）高级语言

不过，汇编语言还是不方便使用，人类阅读起来也比较困难。后来，计算机科学家发明了一种与人类自然语言更接近，且能为计算机接受和执行的高级语言。

高级语言与自然语言更接近，基本采用英语单词作为助记符，表达方式也与数学语言相通。这样更便于普通用户学习和使用。高级语言的通用性强，兼容性好，便于移植，目前被广泛使用，如BASIC、PASCAL、C、FORTRAN、JAVA、Python等。

当然，即使是计算机也不能直接识别和执行用高级语言编写的源程序，需要编译程序将源程序翻译成机器语言形式的目标程序。

图4-5展示的是三种语言编写的程序。三段程序实现的是相同的功能，图4-5（a）是属于高级语言的C语言，表达十分简洁明了；图4-5（b）是汇编语言，难以理解；图4-5（c）是机器语言，以十六进制表示，完全看不懂。大家通过这张图就可以感受到，高级语言大大减少了广大程序员的劳动。

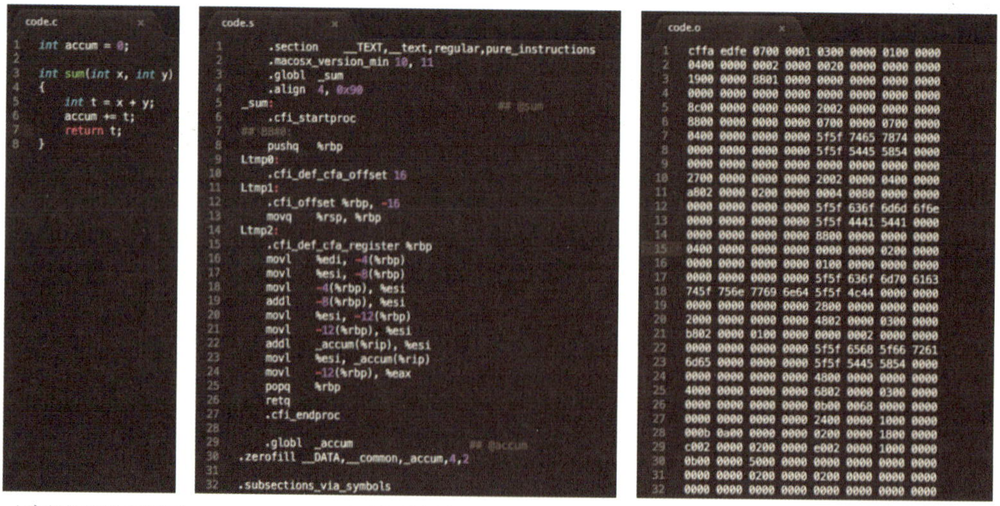

（a）高级语言（C语言）　　　　（b）汇编语言　　　　（c）机器语言

图4-5　三种语言编写的程序

（四）图形化编程语言

随着编程的普及，越来越多的青少年（10～18岁）加入学习编程的行列。人们发现，高级语言的语法虽然十分严谨，但是导致代码与规则比较抽象，对于活泼好动、充满想象力的青少年来说，未免过于枯燥乏味。于是，麻省理工学院开发了一种图形化的编程工具Scratch，主要提供给青少年编程使用。Scratch也是一种编程语言，但它采用了更具象的图形化模块代表高级语言中抽象的指令代码，便于青少年理解和记忆。编程的过程，就好像拼图一样，把图形化模块按照一定的规则堆砌起来，而不需要一行一行地敲出程序代码（见图4-6）。这使编程过程更加形象具体、生动有趣，符合青少年的认知特点。类似的图形编程语言还有App Inventor。

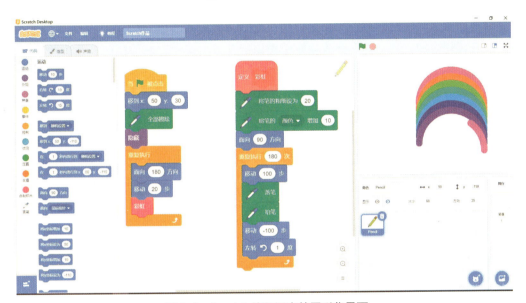

图4-6 Scratch编程语言的图形化界面

（资料来源：https://blog.csdn.net/william_fang/article/details/115549575.）

由此，传统的高级语言就被统称为"代码编程语言"，以便与"图形化编程语言"相区别。

（五）实物化编程语言

如前所述，代码编程语言是用代码（如字母、数字、符号）来代表指令，通过键盘打字的方式，把程序一行一行写出来。图形编程语言是用图形模块来代表指令，通过鼠标拖曳、堆叠图形模块的方式编写程序。这两种编程语言的语法结构都比较严谨，要认知和识记的指令也比较多，且都在计算机上操作，比较抽象复杂，难度较大。

随着编程的进一步普及，越来越多的低龄学习者（3～9岁）加入学习编程的行列。计算机科学家和教育学家发现，编程里的很多思维方式和解决问题方法，是能够被幼儿理解的，只不过由于他们的语言能力和精细动作还不够发达，无法理解和使用成年人用的代码编程语言和青少年用的图形编程语言。幼儿需要一种更加具体形象，适合他们思

维发展水平和认知特点的编程语言，让他们能更容易地把程序表达出来，于是实物化编程语言应运而生。

"实物编程"概念最早是由日本学者铃木英之、加藤浩明于1993年提出的。"实物编程"是在图形化编程语言的基础上，将虚拟的指令（代码）实物化，封装到积木、卡片、地垫等实物中，这些实物被赋予了不同的属性或功能，如函数、变量、逻辑、传感器等，它们可以通过不同的空间组合方式（如排列、拼接、堆叠）表达程序逻辑，并对指令做出响应，或驱动机器人做出响应。

这种基于现实世界的编程方式，被称为"有形的编程语言"。由于实物编程十分具体形象，为低龄学习者的编程活动提供了巨大的探索空间。实物化编程语言具有三大特点：

第一，所做即所得，操作实物编程模块的结果即为程序；

第二，程序即实物，程序并非存在于虚拟屏幕或内存中，而是存在于真实世界中；

第三，实物可执行，机器人可直接读取实物程序并执行程序。

通过本节的学习，我们可以看出计算机程序语言的发展规律：离计算机硬件指令越来越远，离人类自然语言越来越近。如表4-1所示，计算机程序语言诞生时，是完全偏向计算机硬件的，计算机硬件怎么好理解，语言就怎么设计，但对人类是很不友好的，因为难懂难记；后来，逐渐向人类的自然语言靠拢，大量借助自然语言中的词汇、语法，让人类能较容易读懂、编写、交流。随着编程人群年龄段的进一步下沉，计算机程序语言又针对未成年人的思维特点进行了无代码化改造，例如，借助图形让编程更加具体、形象；近几年，为了满足幼儿的编程需求，更是摆脱了虚拟方式，采用实物方式进行编程。

这类似于人类的阅读。为了满足不同年龄段人群的阅读需求，人类开发出不同的阅读形式。幼儿阶段阅读绘本，小学低龄阶段阅读带拼音的读物，小学高龄阶段开始阅读篇幅和难度逐渐加大，高中阶段以后的阅读内容已经和成年人相差无几。

表4-1 计算机程序语言的演进

发展阶段	计算机程序语言	呈现形式	编程工具	适用对象	特点
低级语言	机器语言	虚拟化语言	纸带、打孔机	成年人	难读难记 抽象复杂 编程工作量大
	汇编语言				
高级语言	代码编程语言		计算机（虚拟界面）		语法严谨 较抽象复杂 学习难度大
无代码语言	图形编程语言			青少年	
	实物编程语言	实物化语言	实物模块	幼儿	语法简单 具体形象 易学易操作

三、编程基本算法

（一）什么是编程

如前所述，计算机程序是人类与计算机（机器人）沟通的语言，那么究竟如何沟通呢？下面以一个例子说明。

例如，现在有一张地图，地图上有1个苹果，如图4-7所示，想让机器人走到苹果那里，当然不能直接跟机器人说："你走到苹果那里。"因为，第一，计算机是无法直接理解人类的自然语言的，需要程序员将自然语言翻译成编程语言。第二，必须有计算机可执行的精确步骤。

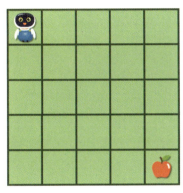

图4-7　原始地图

换个角度来理解。如果只是简单地对一个啥都不懂的小孩说"我想让你走到苹果那儿"，那么什么也得不到。机器人就是那个啥都不懂的小孩，它甚至不会主动问你怎么做，它只会简单地告诉你："你的话我听不懂，也不懂得怎么做。"所以，不能告诉机器人去做一件事，而是要手把手地教机器人去做一件事。

由于这个机器人能一格一格地走，还能转向，所以要把这个任务分解成用前进、转向就能完成的步骤。图4-8就是分解出来的步骤和行走路线。

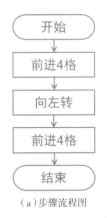

（a）步骤流程图

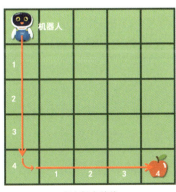

（b）行走路线

图4-8　步骤流程图和行走路线

机器人（计算机）本质上是很低能的，我们人类就是要如此事无巨细、一步一步地教机器人怎么做，它才能完成任务。计算机现在之所以能变得这么聪明，是因为无数工程师开发的无数程序，让计算机显得聪明了。

所以，所谓"编程"，就是把想让计算机完成的任务，用计算机能够理解的语言，按照正确的语法和步骤，一个指令、一个指令地写出来。或者可以近似地理解成：编程就是给机器人制订计划。

（二）什么是算法

刚才我们是用流程图来表达命令，还需要把命令翻译成机器人能理解的编程语言。之前我们介绍过，编程语言有很多种，如C语言、JAVA语言、Python语言等。为了便于理解，这里我们不再选择具体的编程语言来翻译，而是假设有一种很接近英语语法的编程语言（暂命名为"X语言"），翻译出来的程序如图4-9所示。

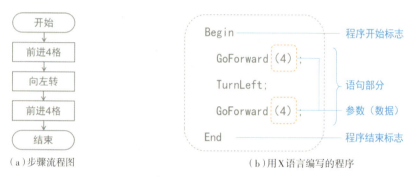

（a）步骤流程图　　　　　　　　（b）用X语言编写的程序

图4-9　步骤流程及程序

在用X语言编写的程序中，"Begin"是这个程序开始的标志，"End"是程序结束的标志。所有编程语言都有类似的语法规定，计算机看到"Begin"，就会明白接下来它要开始干活了；看到"End"，就知道程序执行完了。

"Begin"和"End"中间的3行，是程序的语句部分。计算机是按照从上到下的顺序，一行一行地执行指令的。

像"GoForward（ ）"，代表前进的指令，括号中的数字，代表前进多少格。"GoForward（4）"，就代表前进4格。这个"数字"，就是数据。

这段程序有两个特点：一是多个指令是按照一定的逻辑排列的；二是如果改变括号内的数字，程序的执行结果就会发生变化。

所以，计算机程序还有一种定义，就是：程序 = 算法 + 数据结构。

算法，就是解决问题的逻辑、流程、步骤；数据结构，就是数据的存储和组织形式，也就是如何表示和使用数据。

（三）算法流程图

编程工作的重点，就是设计算法。把算法想清楚了，编程工作也就完成了大半。所以，我们研究幼儿编程教育，也要学习如何设计算法、表示算法。

算法的表示方法有很多，最常用的工具叫作"算法流程图"。表4-2为一些流程图的常用符号。

表4-2 流程图的常用符号

流程图符号	名称	含义
	起止框	表示流程的开始或结束。一般位于流程图的开始位置与结束位置。
	处理框	表示要执行的指令语句。一个处理框中，只能写一句指令。
	判断框	表示对给定的条件进行判断。根据给定的条件是否成立，决定其后流程的走向。我们规定判断框只有一个入口，两个出口。
	流程线	表示流程的路径和方向。流程线必须是带箭头的。

流程图就是用这些线条图框表示各种类型的操作，在框内写出指令语句，然后用流程线把它们连接起来，以表示指令执行的先后顺序。用流程图表示算法，直观形象，易于理解。

流程图的作用很大，它不仅可以指导编写程序，还可以在调试程序时用来检查程序的正确性。流程图还能作为程序说明书的一部分提供给别人，以便帮助别人理解你编写程序的思路。流程图还被广泛应用到学习和工作中，可以用来表示解题步骤、工作流程，以及管理流程等。

算法有三种基本结构，分别是：顺序结构、条件分支结构、循环结构。现在的程序、软件、App成千上万，功能强大，但归根结底，都是由这三种基本算法结构组成的。接下来分别介绍。

1. 顺序结构

按照步骤依次执行的算法结构叫作顺序结构。如图4-10（a）所示，A、B、C三个指令是按照从上到下的顺序依次执行的，这就是顺序结构。顺序结构是最简单的一种算法结构。前例中我们让机器人去拿苹果而编的程序，就是用顺序结构表示的，如图4-10（b）。在日常生活中，也有很多事件或过程，可以用顺序结构来描述。如图4-10（c）穿鞋的流程，是先穿袜子，再穿鞋子，再系鞋带。在本节开始时介绍的"七步洗手法"，也是顺序结构。

（a）顺序结构　　　　（b）"机器人取苹果"程序流程图　　　　（c）"穿鞋"流程图

图4-10　顺序结构及应用

2. 条件分支结构

条件分支结构，是指对条件进行判断，根据条件是否成立，选择不同流向的算法结构。所以，条件分支结构也叫"选择结构"。

如图4-11（a）所示，如果条件P成立，则执行指令A；如果条件P不成立，则执行指令B。条件P可以是"$x>0$"或"$x<y$"等任何逻辑判断，判断的结果只有两种：一种是成立，即Y；另一种是不成立，即N。注意，无论条件P是否成立，都只能执行A或B之一，不可能既执行A又执行B。无论走哪一条路径，在执行完A或B之后，都将脱离条件分支结构。

A或B两个框中可以有一个是空的，即不执行任何操作。例如，图4-11（b）的条件分支结构就没有B处理框。它表示，如果条件P不成立，则执行A，然后执行C；如果条件P成立，则跳出条件分支结构，执行C。

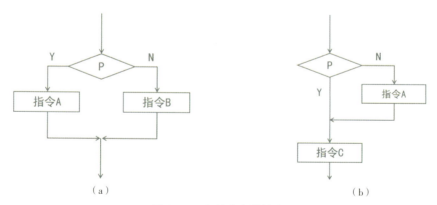

（a）　　　　　　　　　　　（b）

图4-11　条件分支结构流程图

我们把之前的例子稍微改一下，如图4-12（a）任务地图：想让机器人走到苹果那里，但只知道机器人要先向前走4步，如果前面没有路了，就要向左转，再前进4步；如果还有路，就继续前进4步。这个任务就要用到条件分支结构，如图4-12（b）所示。

在日常生活中，有很多事件或过程，都可以用条件分支结构来描述。例如，当我们要过马路时，要先看交通灯是否是绿灯，"是否是绿灯"就是条件，如果是绿灯，条件成立，则可以过马路；如果不是绿灯，条件不成立，则不能过马路。

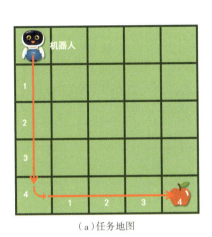

（a）任务地图

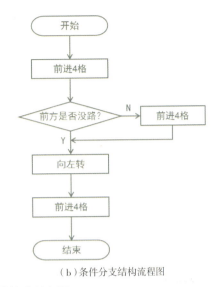

（b）条件分支结构流程图

图4-12 条件分支结构流程实例

3. 循环结构

循环结构，是指根据条件决定是否重复执行一条或多条指令的算法结构。

反复执行的处理步骤称为"循环体"，图4-13中的A处理框，就是循环体。循环体可以是一条指令，也可以是多条指令，甚至可以是一个循环结构（这种在一个循环体中又包含另一个循环的结构叫"循环嵌套"）。

循环结构一般有两种形式。

第一种是当型循环（While型循环），如图4-13（a），在每次执行循环体A之前，对循环条件P进行判断：当满足条件P时，反复执行循环体A；当不满足条件P时，停止循环。

第二种是直到型循环（Until型循环），如图4-13（b）在每次执行了循环体A之后，对循环条件P进行判断：当条件P不满足时，执行循环体A；当条件满足时，停止循环。即反复循环直到条件满足。

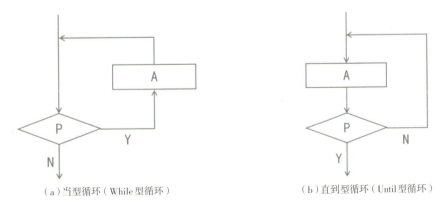

（a）当型循环（While型循环） （b）直到型循环（Until型循环）

图4-13 循环结构流程图

当型循环与直到型循环的区别：（1）当型循环先判断后循环，直到型循环先执行后判断；（2）当型循环有可能不执行循环体，直到型循环至少会执行一次循环体；（3）对同一算法来说，当型循环和直到型循环的循环条件互为反条件。

为便于理解，我们把之前的例子再稍微修改一下，如图4-14（a）任务地图，想让机器人走到苹果那里，但这回无法告诉机器人具体要走几步，只能告诉机器人，一直向前走，如果前面没有路了，就向左转，再继续向前走，直到走到苹果那里就停下来。这个任务用循环结构怎么表示呢？如图4-14（b）所示。

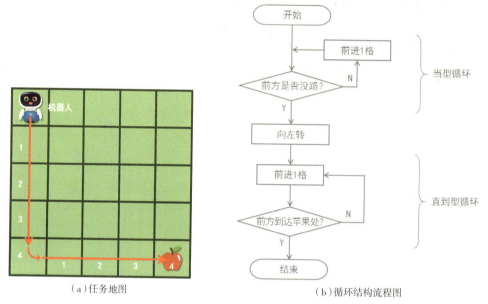

（a）任务地图　　　　　　　　　　　（b）循环结构流程图

图4-14　循环结构流程实例

这个算法特意使用了两种循环，第一个是当型循环，实际执行时循环了4次；第二个是直到型循环，实际执行时循环了3次。

我们日常生活中也有不少事件或过程可以用循环结构描述。例如，控制电饭煲煮饭的程序就要用到循环结构：当饭还没熟时，循环执行煮饭的指令；当饭已经煮熟时，停止煮饭。

四、贝芽实物编程的设计理念

（一）幼儿实物编程的教育学原理

为什么幼儿要使用实物编程呢？根据心理学大师皮亚杰的认知理论，2～7岁幼儿的思维处于前运算期，他们学习新知识时，必须借助实物，并通过实际操作才能理解。《3～6岁儿童学习与发展指南》也指出，幼儿的学习以直接经验为基础，要最大限度地支持和满足幼儿通过直接感知、实际操作和亲身体验获取经验的需要。

如图4-15，如果直接教授幼儿"5-2=3"这个算式太抽象，幼儿是很难理解的；但如果在桌上先摆放5个苹果，再拿走2个，还剩下3个，让幼儿对苹果进行操作和点数，幼儿就可以真正理解"5-2=3"的含义。

面对符号与代码　　　借助实物与操作
太抽象，无法理解　　　形象具体，可以理解

图4-15　从抽象到具象

所以，让幼儿直接学习代码编程语言和图形编程语言是不现实的，只有将虚拟的编程语言转化为现实的、实物的，才易为幼儿所理解。

（二）从虚拟语言向实物语言的转化

贝芽实物编程就是按照上述理念展开设计的，在设计时进行了两次转化，如图4-16所示。

编程代码　➤　图形化　➤　实物化

图4-16　实物编程的设计转化过程

1. 第一次转化：图形化

图形化，是指将抽象的编程代码转化为图形。每个图形都代表一个明确的指令。例如，将"Begin"（程序的开始标志）用带箭头的起点图形来表示，将"End"（程序的结束标志）用终点图形来表示，将"GoForward"（向前走指令）用像直道马路的图形或朝上的箭头图形表示，将"TurnLeft"（向左转指令）用像弯道马路的图形或向左的箭头图形来表示……需要指出的是，图形化编程即做到这一步为止，这也决定了图形化编程离不开电子屏幕这一媒介，具有明显的虚拟特点。

2. 第二次转化：实物化

实物化，是指将包含特定指令含义的图形转化为实体、实物。这一步的目的是让编程脱离虚拟世界，让幼儿能在真实世界对代码进行操作。贝芽实物编程选择了两种实物形式，一是地垫形式（对应情景互动编程模式）。之所以选择以地垫作为程序指令的实物载体，是因为经过对幼儿游戏行为的观察，贝芽发现幼儿更喜欢建构与其身高、体形相适应的"小人国"环境，并将自身置于其中。而带有路径图形的地垫，可以让幼儿在地面上按照自己的意愿拼接出不同形状的路径，并在路径上行走，这满足了幼儿建构与想象的心理需求。二是磁贴形式（对应模块指令编程模式）。对于5～6岁的幼儿，他们已具备一定的精细动作能力和初步的抽象思维能力，能够识别图形与符号代表的意义。因此，面对以磁贴的实物形式出现的程序指令，幼儿可以按照一定"语法"规则将其像玩贴贴纸一样，贴在带磁性的编程记录板上，即完成编程。

（三）实物化编程的阶段细分

根据皮亚杰的认知发展阶段理论，2～7岁的幼儿处于前运算阶段，这一阶段的儿童可以凭借表象符号进行思考，具体形象的实物编程是最适合他们的编程方式。由于幼儿的认知发展十分迅速，这一阶段又可再细分为两个分阶段：象征思维阶段和半逻辑思维阶段。因此，需要针对不同分阶段的特点设计适合的实物编程模式。

1. 象征思维阶段与情景互动编程

象征思维阶段（也叫"前概念阶段"，幼儿园小中班的幼儿多数属于这个阶段），幼儿思维的主要特点是能运用象征性符号进行思考；思维具有相对具体性，能理解真实存在的物体并借助其进行思考；以自我为中心，只能从自己的立场和观点去认识事物。基于以上特点，贝芽实物编程提供的解决方案是情景互动编程模式（见图4-17）。

图4-17　情景互动编程模式

如图4-17，情景互动编程模拟幼儿熟悉的街道场景，幼儿编程的任务是让机器人从起点行走到终点，途中可以再附加其他任务，如收集金币、帮助好朋友等。幼儿编程的过程，实际上是将路径模块一个一个拼接在一起形成通畅的道路，指挥机器人完成任务。整个思考和操作的过程，都符合象征性思维阶段的特点。

2. 半逻辑思维阶段与模块指令编程

半逻辑思维阶段（也叫"直觉思维阶段"，幼儿园大班以上幼儿多数属于这个阶段），幼儿思维开始从象征思维向运算思维过渡，处于半表象、半符号的思维阶段，抽象思维开始萌芽，逻辑思维开始发展。基于以上特点，贝芽实物编程提供的解决方案是模块指令编程模式（见图4-18）。

如图4-18，模块指令编程的场景设计仍然照顾到前运算期幼儿具象思维的特点，模拟幼儿熟悉的童话世界。幼儿编程的任务，是让机器人从起点走到终点，而且途中需要收集到特定的装备，或战胜特定的困难，任务既具体又包含一定的抽象元素。编程的过程，是使用代表机器人不同行走方向的指令磁贴，按照语法规则排列在编程记录板上，再输入

图4-18　模块指令编程模式

机器人，指挥机器人完成任务。模块指令编程的思考水平相对情景互动编程提升了一定难度，对幼儿的空间感、方向感、逻辑思维能力提出一定要求，处于"跳一跳够得着"的"最近发展区"。

（四）实物化编程系统的设计理念与原则

实物化编程不仅需要教育理论、计算机理论的支撑，还需要配套一系列解决方案，进行产品化、系统化，才能变成可用的产品呈现在用户面前。经过对幼儿游戏和学习行为的长期观察，汇总教师的一线经验，我们总结出实物化编程系统的若干设计理念和原则，用于指导实物化编程的产品化和系统化，并体现在目前贝芽实物化编程系统的各个环节。

1. 机器人应扮演重要角色

人工智能机器人应在实物编程系统中扮演两个重要角色。一是教师的助手。机器人应能扩展教师职能，增强教师作用，减少教师工作量。二是儿童的玩伴。机器人的外观应符合童趣，贴近幼儿认知；机器人体积高度适中，便于与幼儿交互；机器人重量适中，允许幼儿抱起和搬动；具备智能互动功能，表情丰富，能与幼儿进行简单对话交流。符合以上设计要求的机器人，容易被幼儿视为朋友，建立起亲密关系，从而让幼儿更好地融入教育活动。机器人应具备一定智能和行动力，使幼儿能在真实世界里与机器人实体进行互动和游戏，而非在虚拟世界进行电子游戏。

2. 编程语言应"看得见、摸得着"

如前所述，幼儿的认知发展特点决定了其可以理解实物化编程语言，而较难理解图形化编程语言乃至代码编程语言。实物化编程语言"看得见、摸得着"，足够具体、形象，符合幼儿形象思维的认知特点。

3. 实物编程模块应采用低结构设计

低结构材料有助于发展幼儿的认知水平。低结构材料就是内部结构较为松散，可以

随意拆卸的材料，幼儿正处于创造力和认知能力发展的阶段，低结构材料能很好地实现结构的拆卸和组装，为幼儿的创造力培养和认知能力培养提供更好的条件。将编程模块设计成低结构形式，编程过程就会类似于拼搭积木或拼图等建构类游戏，可根据幼儿的意愿自由拼接成任意程序；基础模块虽简单却变化多样，幼儿可以设计出千万种路径（程序），不受场地的限制；低结构的编程模块还可以让幼儿发挥想象力，用程序创编故事，表达情感，让幼儿成为游戏的创造者，培养幼儿的想象力与创新力。

4. 应能进行主题创编

实物编程系统应允许幼儿对机器人和实物编程模块进行定义，自主编辑机器人的动作、语言、表情、画面等内容，有利于幼儿通过编程工具完成认知的建构、情绪的表达，将心理的想象转变成行为的创造，为幼儿提供表达内心想法的工具和适合的表现形式。教师也可以借助主题创编功能形成本地化、园本、班本特色的主题，开展相关活动。

5. 情境式的游戏活动空间设计

实物编程系统应为幼儿提供丰富的道具、智能化的设备等，让幼儿能自主建构出仿真的、沉浸式、互动式的游戏情境，并在其中快乐游戏。教师也能根据不同的活动目标，使用实物编程设备与道具，建构出具备特定意义的活动空间（如小镇、森林、草原、童话世界等不同场景），设计出蕴含不同故事情节的编程任务（如去上学、回家、帮助朋友、寻找宝藏、参加舞会、成为英雄等不同情节），让幼儿有意义地游戏与学习。

6. "小人国" 式的空间设计

实物编程游戏所需的空间不应是微缩的（如桌面游戏），而应足够宽敞，能让幼儿置身于空间中，以第一人称视角观察，并能与空间中的机器人、编程模块、积木等实物元素进行交互，如在空间中行走、搬动编程模块、与机器人本体交互等（幼儿不应仅仅是作为局外人置身空间外进行观察和操作）。这种 "小人国" 式的空间设计，能真正释放儿童的天性。

7. 应注重知识与能力的整合

实物编程系统更注重整合多方面的知识与能力。在能力方面，幼儿解决问题能力、自主学习能力、创造性思维能力、逻辑思维能力、团队协作能力等应重点考虑；在知识方面，应融合五大领域的教育目标，并将STEAM跨学科各领域打通，促进幼儿全面发展。

专题 二 贝芽实物编程系统

学习任务单

项目	具体内容
学习目标	1. 了解系统组成、机器人功能。 2. 掌握机器人的使用方法。 3. 熟悉实物编程模块、棋盘下垫。
学习重难点	学习重点：机器人的功能。 学习难点：机器人的使用方法。
学习时数	2学时。
学习建议	多练多操作。
学习运用	能独立使用机器人。

情境问题

请说一说，在贝芽实物编程系统中，机器人、实物编程模块、棋盘下垫分别扮演什么角色，有什么作用。

学习前的观点	学习后的思考

一、系统组成

贝芽实物编程系统，是根据实物编程的设计理念（包括教育学理论、计算机学理论、产品设计方法论、实物化编程语言语法规则），经过从工业设计、软件研发到生产制造的一系列产品化流程，形成的一整套实物化编程的解决方案。

图4-19呈现的是贝芽实物编程系统的架构，体现了产品、组件、功能之间的结构关系。

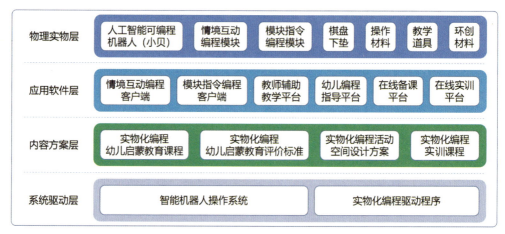

图4-19 贝芽实物编程系统的架构

系统驱动层是贝芽实物编程系统的最底层，决定了整个系统的运行逻辑，相当于高楼的地基，为上面的几层提供各项能力保障。其中，智能机器人操作系统是控制机器人的底层软件，控制机器人的所有输入设备（触摸传感器、红外传感器、声音传感器、触摸屏、摄像头）、输出设备（电机、灯光、音响、屏幕），决定了机器人的各项功能。实物化编程驱动程序遵循贝芽实物化编程语言的语法规则，在幼儿和机器人之间建立起用实物编程模块沟通的桥梁。

内容方案层是基于贝芽实物编程系统的设计理念，结合幼儿园教育环境和实际，研发的一套应用规则。该层是整个系统的灵魂，决定了向上两层的产品形态与具体功能，可以理解成"系统的开发需求或使用说明"。这一层包括：实物化编程幼儿启蒙教育课程、实物化编程幼儿启蒙教育评价标准、实物化编程活动空间设计方案、实物化编程实训课程等。

应用软件层主要集中了供用户使用的各项软件平台，这一层是用户（包括幼儿与教师）可感可知的，通过其搭载的不同的硬件平台呈现给用户。例如，情景互动编程客户端、模块指令编程客户端、幼儿编程指导平台，是通过机器人小贝呈现交互界面；教师辅助教学平台是通过计算机或智能电视呈现交互界面；在线备课平台、在线实训平台是通过手机呈现交互界面。

物理实物层主要集中了供用户使用的各种实体的设备、道具、材料，都是看得见、摸得着的实物。人工智能可编程机器人、情景互动编程模块、模块指令编程模块、棋盘下垫，共同构成实物编程的基本要件；操作材料是指供幼儿动手操作演练的辅助材料，如操作卡片、编程记录板、指令磁贴；教学道具是指辅助教师教学的道具，如区角挂图、演示白板等；环创材料是指用于创设实物编程游戏活动空间的材料，如大颗粒积木、积塑、标签牌、主题展板等。

以上四层共同构成贝芽实物编程系统，提供各项功能，满足使用者各项需求。

本节接下来将重点介绍物理实物层的主要产品。

二、人工智能可编程机器人

人工智能可编程机器人是贝芽实物编程系统中的核心设备，也是执行实物化程序的载体。人工智能可编程机器人名叫"小贝"（见图4-20），顾名思义，它具备人工智能，又有可编程功能，可执行人们编写的实物化程序，完成特定动作或走出特定路线。

图4-20 人工智能可编程机器人"小贝"

（一）机器人主要功能

机器人"小贝"是贝芽实物编程系统的核心设备，它是新一代人工智能可编程机器人。它连结贝芽实物编程系统的各个组成部分，起到桥梁和纽带的作用。

人工智能可编程机器人的主要功能

什么是人工智能？就是用计算机来模拟人类的智能活动。

什么是可编程？电子设备有两种类型。一种电子设备是不可编程的，如电冰箱、洗衣机等，它们的功能是固定的，只能在特定的场景下处理特定的问题，人们不能命令它们去做别的事情，如你不能用电冰箱来煮饭，也不能用洗衣机来洗碗。另一种电子设备是可编程的，它的功能是灵活的，允许人们通过编程的方式，命令它去完成各种各样的任务。小贝就是属于可编程的机器人。

小贝不仅外表呆萌可爱，功能也十分强大。它有一个智慧的大脑，丰富的感知能力，强大的运动能力，这使它能够智能循迹、智能编程，而且能说会道；它不仅是伴学小书童，还是教师的好助手。

1. 智慧大脑

小贝内置人工智能芯片、深度神经网络、强大的云计算能力，让小贝拥有了一个智

慧的大脑。

2. 感知丰富

小贝拥有丰富的感知系统。它身上集成了红外、触摸、声音等多种类型的传感器，建立了触摸感应区、红外感应区、声音感应区、屏幕手势区等感应区域，能够像人一样感知外界、做出反应。例如，它身上有7处触摸感应区，如图4-21，当有人触摸到它时，它就会做出反馈。又如，它有灵敏的听觉，如果你在一旁对它说："小贝，你好！"它就会立即转过身，脸朝向你，与你交谈。所以，它的表现就像一个萌萌的小孩。

（a）　　　　　　　　　　　　　　　（b）

图4-21　"小贝"丰富的感知系统

3. 运动能力

小贝有强大的运动能力。它的全身安装了多部独立精密电机，使它的头部、手臂可以自由摆动，还能在地上向任意方向移动，完成肢体动作与舞蹈动作，令它能歌善舞。看到小贝唱着动感的音乐，跳着呆萌可爱的舞蹈，幼儿会马上喜欢上小贝。

4. 智能循迹

小贝拥有运动能力，再加上人工智能算法，以及灵敏的光学传感器，使小贝能在专用的地垫上准确行走，完成各种各样的任务（如图4-22）。

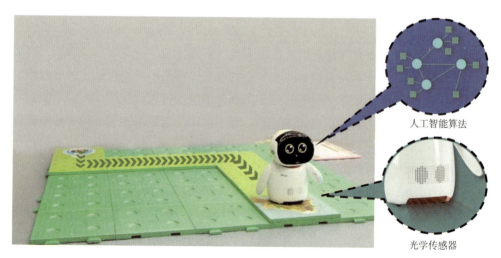

人工智能算法

光学传感器

图4-22　小贝的智能循迹

5. 智能编程

小贝是一台可编程的机器人，通过一套人机互动、情境式、实物化的编程方式，让3～6岁的幼儿能轻松进行编程，指挥小贝完成任务。

6. 能说会道

小贝具有基于深度神经网络开发的智能语音对话系统，具备强大的语义理解能力，内置5万条幼儿知识库、6000句场景对话，能与幼儿进行日常生活对话。

7. 伴学书童

小贝还是个伴学小书童，内置有科学、音乐、美术、语言、社会等幼儿园五大领域方面的常用内容，还可以用"领读–跟读"的方式学习唐诗，用语音交互的方式进行知识问答，等等。这些新颖有趣的互动式学习方法，让幼儿喜欢与小贝一起学习（见图4-23）。

科学探索区　音乐舞蹈区　美术手工区　语言阅读区　角色体验区　益智认知区

图4-23　小贝内置的各领域内容

8. 教师助手

小贝还是教师的好助手。因为小贝集成了许多功能，教师可以把它当作计算机或智能手机来使用。例如，小贝可以地理定位，不论你在哪里使用它，它都能自动记录自己所处的位置地址和使用记录；小贝还有无线投屏功能，可以把小贝屏幕上的画面投到智能电视上，方便教师上课；其他功能还有如Wi-Fi上网、拍照录音、人脸识别、远程视频通话等。这些功能，可以满足教师多样化的教学需求。

（二）机器人使用方法

1. 小贝机器人组成部分

小贝机器人的组成部分如图4-24所示。

人工智能可编程
机器人的使用方法

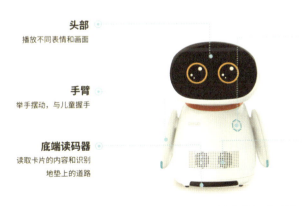

头部
播放不同表情和画面

手臂
举手摆动，与儿童握手

底端读码器
读取卡片的内容和识别
地垫上的道路

呼吸灯
根据小贝的心情，游戏
场景、电量，变化不同
颜色

扬声器
小贝发出声音的地方

图4-24　小贝机器人的组成部分

2. 开机与关机

开机：关机状态下，找到小贝背部的电源键（见图4-25），长按3秒。当小贝模拟人的摆臂摇头动作，屏幕显示开机动画时，说明开机成功。

关机：开机状态下，长按电源键3秒，当屏幕出现关机提示时，点击"确定"图标。当屏幕黑屏时，说明完成关机。

检查是否处于关机状态：关机后，触摸小贝任意触摸感应点，如果感应点没有发光，则说明关机成功。

异常情况处理：如果遇到小贝卡住、死机等异常情况，可以长按电源键5秒以上，小贝会强制关机。

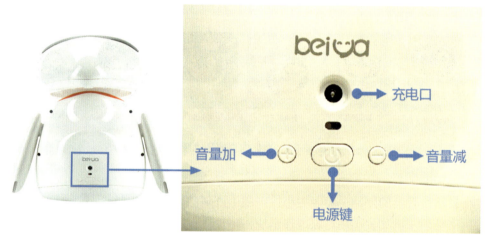

图4-25　小贝背部的按键

3. 调节音量

教师在教学时，有时候教室比较大，或幼儿比较吵，或需要小贝安静一些，这时就需要调节小贝的音量。

小贝调节音量有三种方法。

方法一：短按小贝背部的"音量加"按键，或"音量减"按键，这时小贝屏幕上会同步提示音量的变化。

方法二：当小贝处于表情状态时，用手指从屏幕的上方外侧向下滑，可以拉出一个快捷菜单，左右拖动音量滑块，也可以调节音量。

方法三：语音方式。对小贝说"小贝，你好！大声点"或"小贝，你好！小声点"也可以调节音量。

4. 触摸感应点

我们在与小贝互动时，经常会用到小贝的触摸感应点（见图4-26）。

右耳朵　　　左耳朵　　　　　　头顶　　　　　头顶

肚子

右手臂　　　左手臂　　　后背　　　后背

图4-26　小贝的触摸感应点

头顶感应点：位于小贝头顶正中间的位置，触摸时会发出绿光。头顶感应点专门用于唤醒小贝，或退出应用程序。

耳朵感应点：位于小贝头部两侧，触摸时会发出绿光。

手臂感应点：位于小贝左右手臂的中部偏下位置，触摸时会发出绿光。

肚子感应点：位于小贝前胸喇叭的上方，触摸时会发出绿光。

后背感应点：位于小贝后背Logo的上方，触摸时会发出绿光。

除了头顶感应点专用于唤醒小贝，或退出应用程序之外，其余的感应点功能，在不同应用程序中有不同的定义。

5. 让小贝休眠、唤醒小贝

当小贝处于表情界面时，语音监听系统会一直处于启动的状态，以便在听到我们说话时，它能立即回答。不过，教师在教学时，如果小贝也这样随时插嘴，就会影响课堂纪律。除了降低小贝的音量外，我们还可以通过让小贝休眠的方式，让它安静下来。

休眠分为短休眠和长休眠。

当教师只是希望小贝暂时安静一下时，可以使用短休眠功能。短休眠的操作方法是：在小贝表情界面下触摸小贝后背的感应点，小贝会变成睡觉的表情，表示小贝进入了短休眠状态。

短休眠的唤醒方法有两种。方法一：触摸小贝头顶感应点。方法二：对小贝说："小贝，你好！"

当教师准备较长时间不使用小贝时，可以使用长休眠功能，以节省电量。小贝长休眠的操作方法是：短按小贝电源键一下，屏幕黑屏，即表示小贝进入了长休眠。

长休眠的唤醒方法也有两种。方法一：触摸小贝头顶感应点。方法二：短按小贝开关机键一下，屏幕点亮，表示小贝已被唤醒。

6. 联网

小贝在联网状态下，很多功能会有更好的体验，如更加聪明，能与人进行语音对话等。

首先，在表情界面滑动屏幕，进入主页，点击屏幕右上角"网络"图标，打开网络连接界面。

打开"无线局域网"选项，小贝会自动搜索附近的Wi-Fi热点，输入Wi-Fi密码，点击"确认密码"，则网络连接成功。

小贝首次联网成功后，会记住这个Wi-Fi热点，此后开机都会自动联网。如果小贝不在这个Wi-Fi热点范围内，就需要再次重复联网操作。

7. 语音对话

在语音对话前，请先帮小贝联上网络。当小贝处于表情状态时，对小贝说唤醒词："小贝，你好！"当小贝表情出现三条白线时，表示它处于聆听状态（见图4-27）。

图4-27　小贝处于聆听状态的表情

与小贝聊天的语言要尽量简短、清晰，如可以说："小贝，你好！……给我唱首歌吧……"

在联网状态下，小贝还能与你聊很多事情，可以在平时多多尝试。

当不想听小贝说话时，触摸小贝头顶感应点，即可让小贝停止说话。

8. 查询电量与充电

（1）电量查询有两种方法。

方法一：在小贝主页，点击右上角的"电量"图标，即可显示当前电量。

方法二：语音查询。在表情界面，对小贝说："小贝，你好！……电量查询。"小贝就会向你报告当前电量情况。

（2）充电方法。

当电量低于20%时，小贝胸前和手臂都会亮起红灯，这时需要将机器人先关机、再充电。（注意：要使用小贝标配的充电器进行充电，充电时要将小贝放在幼儿不容易接触到的安全位置，防止小贝跌落、发生意外等。）

一般充电8小时左右小贝可充满，这时小贝胸前和手臂会亮起绿灯，表示小贝电量已经充满。（注意：充电时，请将小贝放在幼儿够不到的地方。充电时不要使用机器。）

9. 进入和退出实物编程应用

如图4-28所示，首先，在小贝的表情界面下滑动屏幕，进入应用主页；其次，点击"情境式互动编程"图标，即可进入应用首页；最后，根据语音提示，点击屏幕，即可开始编程。

图4-28　进入实物编程应用

退出应用有两种方法。方法一：触摸小贝头顶感应点，系统将弹出确认框，点击确认，即可退出。小贝的所有应用都可以通过触摸头顶感应点中断，快速退出。方法二：在游戏中点击左上角"返回"图标，逐级退出游戏。

10. 如何投屏

第一步，在智能电视上安装教师课件App客户端。先将U盘插入智能电视，打开U盘，找到"教师课件App"的安装包，依次点击确定、安装。

第二步，安装成功后，打开教师课件App，进入主页。

第三步，打开小贝上的编程应用，在游戏的主页面，点击右上角"投屏"图标，打开蓝牙，稍等片刻，点选需要投屏的电视，当出现蓝色勾号时，再点击右上角的"确定投屏"图标。当智能电视屏幕出现该画面时，表示投屏成功。

11. 日常维护

在日常使用小贝时，动作要尽量温柔，不要推、拉、拽、摔小贝。在搬动小贝时，要用双手抱住小贝的身体，轻拿轻放。不要拎着小贝的头部，或拎着小贝的胳膊，这些都是比较脆弱的关节，容易造成损坏。

三、实物编程模块

实物编程模块是实物编程的操作对象。每张模块上都印有传感码，机器人可以通过底部的光电传感器读出其中的信息，从而做出相应的动作与反应，或者进行自主循迹、自动纠偏（见图4-29）。

图4-29　情景互动编程的部分实物编程模块

　　在情景互动编程中，实物编程模块的作用是：（1）代表程序指令，不同的实物编程模块代表了不同的程序指令，将它们按照一定逻辑拼接在一起，就是编程的过程，形成的路径就是程序（见图4-30）；（2）构成编程任务图，根据编程任务的要求，将实物编程模块摆放在特定位置，就形成了编程任务图，而且模块上的不同图案与卡通形象，可以形成多种不同的主题，赋予编程任务更多意义（见图4-31）。

图4-30　实物编程模块拼接出的路径

图4-31　模块指令编程的部分实物编程模块

　　在模块指令编程中，实物编程模块的作用主要是建构地图，即根据编程任务的要求，将实物编程模块摆放在特定位置，形成各种各样的任务地图（见图4-32）。实物编程模块上同样有不同图案与卡通形象，可以形成多种不同的主题，赋予编程任务更多意义。

图4-32　实物编程模块建构的地图

四、棋盘下垫

棋盘下垫由多个方形泡沫地垫构成，作用是辅助定位（见图4-33）。它可以随意拼接成任意形状的地垫基座，可以适应多种面积、形状的教学活动场景。它的作用有二：第一，由于棋盘下垫上有4个圆形凹槽，与实物编程模块上的4个圆形凸起相匹配，幼儿可以很轻松地将实物编程模块摆放整齐；第二，棋盘下垫使用的是比较坚固耐用的EPP材质，能起到稳固上方实物编程模块、为幼儿在上面活动提供缓冲保护的作用。

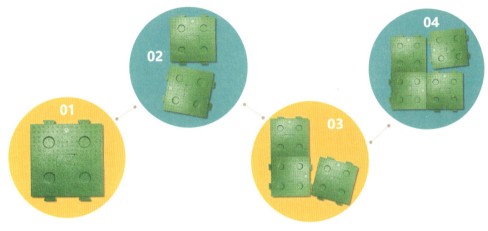

图4-33 棋盘下垫

专题 三 情景互动编程

学习任务单

项目	具体内容
学习目标	1. 理解和熟记情景互动编程各模块的功能。 2. 掌握情景互动编程的语法规则。 3. 能够独立开展情景互动编程游戏。
学习重难点	学习重点：熟记各模块功能。 学习难点：掌握编程方法。
学习时数	2学时。
学习建议	多操作、多练习、多讨论，同学之间一起游戏。
学习运用	给其他同学布置几个情景互动编程的游戏任务（题目），试试看能否难倒同学。

情境问题

你认为情景互动编程这种编程模式背后的教育学原理是什么？

学习前的观点	学习后的思考

一、情景互动编程概述

贝芽实物编程的精髓，是将程序指令封装在模拟真实世界的实体道具中。情景互动编程模拟的是现实世界的街道场景，编程模块的外观就像道路的一截，实际上每个编程模块都代表一种程序指令，其内涵与高级编程语言是相通的，用情景互动编程的模块，同样可以建构（编写）出通用计算机编程语言（或算法）中的顺序结构、循环结构与分支结构。

二、情景互动编程游戏背景

情景互动编程以游戏活动的形式开展，游戏活动的背景是一个名叫"跳跳镇"的小镇，讲述机器人小贝来到跳跳镇，结识新朋友、探索周围世界的故事，反映了幼儿对人际关系、自然界和社会环境的探索过程。幼儿的目标，是要帮助小贝机器人完成各种各样的任务。所以，我们常把情景互动编程称为"跳跳镇"。

在跳跳镇上，有小贝的家、幼儿园、图书馆、游乐场、动物园等场所，都是幼儿身边熟悉的场景或常去的地方（见图4-34）。

图4-34　跳跳镇场景

三、情景互动编程模块

情景互动编程一共设置了四大类13种编程模块。

（一）起止模块

起止模块在情景互动编程中用来表示程序开始和结束的标记，是所有程序必须具备的模块。

1. 起点模块

起点模块表示小贝机器人出发的地点。图4-35中的箭头即为小贝出发的方向。如果你将小贝放在起点模块，就会看到小贝不论正面朝向哪里，它都会先自动原地转向到箭头所指方向，随后朝箭头所指方向前进1步[①]。从这一特性可推导出：当小贝逆向进入起点模块时，会自动掉头；当小贝从起点模块下方进入该模块时，会直接通过，作用类似于直行模块。

图4-35 起点模块

起点模块在编程中的含义：①程序的开始标记，向机器人传达开始执行程序的信息；②驱动机器人原地转向至箭头所指方向，并前进1步。

起点模块一共设计了4种颜色，主要是为了便于在教学和游戏中标记不同任务或路径的起点，在功能上没有区别，可以混用。

2. 终点模块

终点模块表示小贝机器人到达的终点。图4-36是一个类似十字路口的样式，说明从四个方向均可进入该模块。当小贝进入终点模块时，将停止行走，并统计出本次行走的步数、发生的事件等数据。

图4-36 终点模块

终点模块在编程中的含义：①程序的结束标记，向机器人传达程序终止执行的信息；②驱动机器人关闭行走马达电机。

（二）路径模块

路径模块模拟道路形态，用于驱动机器人沿特定路径行走。运用路径类模块可以建构出计算机通用算法中的顺序结构、循环结构与分支结构。

1. 直行模块

直行模块表示小贝机器人沿路面前进1步。图4-37中的橙黄色部分表示路面，灰色部分表示不可通行的路肩；白色虚线模仿路面上的交通标志线，表示行走的方向。小贝可以从该模块的其中一个口进入，从另一个口走出。

直行模块在编程中的含义：驱动机器人沿路面前进1步。

图4-37 直行模块

2. 转弯模块

转弯模块表示小贝机器人沿路面转弯。如图4-38所示图案模仿一个转弯的路面，小贝可以从该模块的其中一个口进入，识别转弯的方向自动转向，并从另一个口走出。（注意：若从小贝视角来看，小贝从不同入口进入，意味着向不同的方向转向。）在情景互动编程中，通过转弯模块也计为1步。

图4-38 转弯模块

---

① 如无特别说明，本书中的"1步"均指"1块地垫"或"1个模块"。

转弯模块在编程中的含义：驱动机器人沿路面转向并前进1步。

3. 十字路口模块

十字路口模块表示选择行进的方向。如图4-39所示，图案模仿十字路口，说明从四个方向均可出入该模块。当小贝机器人进入该模块时，会停下询问"往哪个方向走"，直到有人输入方向指令。方向指令通过触摸感应点输入：希望小贝向前走，则触摸肚子感应点；希望小贝向右走，则触摸右臂或右耳感应点；希望小贝向左走，则触摸左臂或左耳感应点；希望小贝向后转，则触摸后背感应点。输入方向指令后，小贝即按方向行走，计1步。

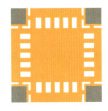

图4-39　十字路口模块

十字路口模块在编程中的含义：①建构有3个分支的路径程序；②建构带条件判断的循环结构。

4. 丁字路口模块

丁字路口模块与十字路口模块类似，如图4-40所示，图案模仿丁字路口。当小贝机器人进入该模块时，反应及操作均与十字路口模块相同，也计1步。丁字路口模块与十字路口模块不同之处在于，前者只有三个方向可以出入，后者则有四个方向可以进入，因此，用户在输入方向指令时，也要注意方向，不要指挥小贝走到路肩上。

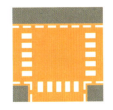

图4-40　丁字路口模块

丁字路口模块在编程中的含义：①建构有2个分支的路径程序；②建构带条件判断的循环结构。

（三）场景模块

场景模块是指具有特定功能，能实现特定交互，或能营造特定场景的模块。场景模块相当于编程中的函数，只不过这些函数是程序语言预先设置好的，不是由用户自定义的。

1. 禁止通行模块

顾名思义，禁止通行模块表示小贝机器人无法通过该模块。如图4-41所示，图案模仿一个十字路口，中央有一个"禁止通行"的交通标志。一旦小贝机器人从任一方向进入该模块，就会立即停止，并提示"出错"。

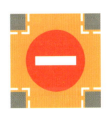

图4-41　禁止通行模块

禁止通行模块在编程中的含义：相当于程序中的故障（bug）。

2. 金币模块

金币模块的图案表示在一条直行道路中间有一枚金币，如图4-42所示。当小贝机器人通过该模块时，将收集到一枚金币，若在一段程序的执行过程中经过 n 次，则将收集到 n 枚金币。（一段程序的执行过程，即指小贝从起点到终点的行走过程）

金币模块在编程中的含义：相当于计数器（一种特定功能的

图4-42　金币模块

函数），每执行一次计数器就加1。

3. 爱心小天使模块

爱心小天使模块的设计目的，是培养幼儿的同理心与爱心。如图4-43，图案模仿在一条直行道路中有一位爱心小天使。当小贝机器人通过该模块时，爱心小天使会因为遇到各种困难向幼儿求助，幼儿可以通过触摸小贝感应点的方式帮助爱心小天使。

图4-43 爱心小天使模块

（1）小贝吃坏肚子了，肚子好痛，快帮忙摸摸小贝肚子，它就不痛了。（触摸肚子感应点）

（2）小贝不小心掉进坑里，请握住小贝的手，让它爬上来。（触摸任一手臂感应点）

（3）小贝的头撞到电线杆了，快摸摸小贝的头，它就不痛了。（触摸屏幕）

（4）小贝踩到香蕉皮滑倒了，快摸摸小贝的屁屁，它就不痛了。（触摸后背感应点）

（5）街上放鞭炮了，小贝觉得很吵，快帮小贝捂住耳朵。（触摸任一耳朵感应点）

4. 文明小标兵模块

文明小标兵模块的设计目的，是培养幼儿讲文明、懂礼貌。如图4-44所示，图案为在一条直行道路中有一位文明小标兵。当小贝机器人通过该模块时，文明小标兵会向幼儿求助各种文明问题。

（1）上下楼梯靠右走，不推不挤不打闹。

（2）乖宝宝有爱心，帮助别人快乐自己。

（3）宝宝有礼貌，见到熟人问个好。

（4）吐痰用纸巾，丢进垃圾筒，健康又文明。

（5）环卫工人保护环境卫生，我们要有感恩之心。

（6）宝宝有礼貌，受到帮助说谢谢。

（7）好宝宝，有礼貌，撞了人，要道歉。

图4-44 文明小标兵模块

5. 安全小卫士模块

安全小卫士模块的设计目的，是培养幼儿的安全意识和自我保护意识。如图4-45所示，图案为在一条直行道路中有一位安全小卫士。当小贝机器人通过该模块时，安全小卫士会向幼儿求助各种安全问题。

图4-45 安全小卫士模块

（1）遇到火灾拨打电话119。

（2）报警电话是110，如果迷路了也可以拨打110。

（3）120是急救电话，伤病急救请拨打120。

（4）遇到红绿灯时，要注意红灯停、绿灯行，安安全全过马路。

（5）下雨、打雷时千万记得不要站在树下，要站在屋檐下可以躲的地方。

（6）户外遇到地震时须赶快躲到空旷的地方，不要躲在会倒塌的建筑物、物品旁。

（7）火灾时会产生高温，湿毛巾会起到降温和过滤的作用，用湿毛巾捂住口鼻采用低姿势往出口离开。

（8）陌生人不可信，给我美食我不吃，给我玩具我不要，千万不要跟着走。

6.环保小达人模块

环保小达人模块的设计目的，是培养幼儿爱护环境、保护环境的意识。如图4-46所示，图案为在一条直行道路中有一位环保小达人。当小贝机器人通过该模块时，环保小达人会向幼儿求助各种环保问题。

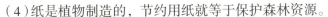

图4-46　环保
小达人模块

（1）谁知盘中餐，粒粒皆辛苦，吃不下的东西不丢掉。

（2）树木是人类的朋友，爱护树木从身边的小事物做起。

（3）水是大自然的宝贵资源，人类的生存离不开水，珍惜每一滴水。

（4）纸是植物制造的，节约用纸就等于保护森林资源。

（5）废电池是有害垃圾，随便丢弃有害环境。

（6）垃圾不乱丢，垃圾不落地，环境更美丽。

（7）小花小草不乱摘，小花多可爱，请您别伤害。

（8）小草有生命，请您绕道行，不乱践踏草皮。

爱心小天使、文明小标兵、安全小卫士、环保小达人这四种模块，都生活在跳跳镇上，都是"小贝的好朋友"，机器人每经过1次"小贝的好朋友"模块，若幼儿成功答对问题，则会计入"已解决问题"1次。在一段程序的执行过程中，机器人可重复经过"小贝的好朋友"模块，"已解决问题"数将会累加。

（四）创想模块

创想模块的功能，是当机器人小贝经过该模块时，可以播放出用户自定义的内容（画面、音频及动作）。

创想模块一共设计有6种颜色（红色、蓝色、绿色、黄色、粉色、紫色），每种颜色模块的内容都可以单独被定义，图4-47为红色模块。如果小贝先后经过相同颜色的创想模块，则播放的内容是相同的。如果创想模块未被定义，则小贝经过时没有内容可播放，相当于经过十字路口模块的效果。

图4-47　创想模块

创想模块在编程中的含义：相当于可自定义的函数。定义创想模块内容的过程，相当于定义函数；机器人经过创想模块时播放该模块的内容，相当于调用函数。

四、语法规则

（一）起点与终点

所有程序，都必须从起点模块出发，标志着程序开始执行，最终都要到达终点模块，标志着程序结束执行。不论是设置程序任务，还是发布任务目标，抑或进行编程，都要

遵循这一规则。

（二）程序模块的拼接方法

两个模块的黄色路面必须相连，如果黄色路面被灰色路肩阻挡，则路径是不通的，程序执行（小贝行走）时就会出错（见图4-48）。教师在教授这一环节时可对幼儿说：将黄色的路面连在一起，路才是通的；铺路时要从起点出发，按照顺序一个模块接着一个模块拼接，直到拼到终点。需要特别注意的是：拼接成的路径，我们一般称为"路径"，但有时候为了强调其编程的属性，也会称为"路径程序"或"程序路径"。

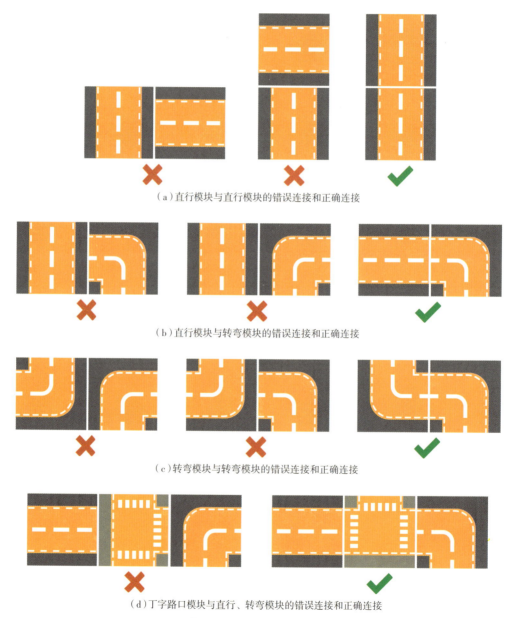

（a）直行模块与直行模块的错误连接和正确连接

（b）直行模块与转弯模块的错误连接和正确连接

（c）转弯模块与转弯模块的错误连接和正确连接

（d）丁字路口模块与直行、转弯模块的错误连接和正确连接

图4-48　程序模块的拼接

除了十字路口模块、创想模块、终点模块、禁止通行模块无所谓方向外（因为有朝向四方的出口），其余的模块都是有方向的，如果改变了模块的摆放方向（如横着放改为竖着放），就可能导致路径的连通情况发生变化。教师在教学时需要重点注意这一点，可以有意地改变起点、直行、转弯模块的方向，让幼儿观察模块摆放的方向不同会导致行进的方向发生变化，进而可能导致路径不通。

（三）程序 bug 的修复

程序中如果出现 bug，会导致程序执行结果与预期不符，或程序运行中止，甚至造成程序崩溃。在情景互动编程中，如果模块拼接错误，就会导致路径不通，或通向禁止通行模块，或形成"断头路"[如图4-49（a）所示]。小贝机器人在行走路径（执行程序）时如遇到上述情况，就会报错，提示"道路异常"[如图4-49（b）所示]，这时需要修改程序。

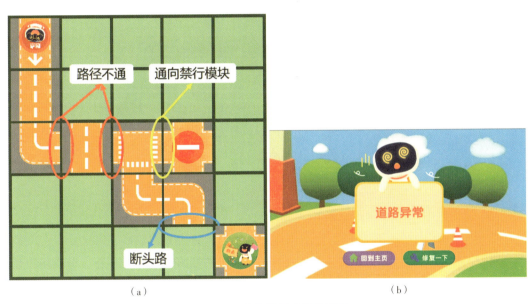

（a）　　　　　　　　　　　（b）

图4-49　小贝提示出错的界面

修改程序的规范步骤：

①将小贝抱离错误的模块；

②修改错误的模块；

③将小贝抱到已修正模块的上一个模块上；

④点击小贝屏幕上的"修复一下"，小贝将重新执行程序。

（四）创想模块的定义

如前所述，在情景互动编程中有六种颜色的创想模块。定义创想模块的方法如下。

第一，进入创想模式。进入情景互动编程的应用后，如图4-50所示，在跳跳镇地图界面，点击右上角的创想天地图标（宇宙飞船图标），就进入了创想天地主界面，可以看到上面有6种颜色的旗子，分别代表6个创想模块（见图4-51）。

图4-50　进入创想模式

第二，选择创想模块。如图4-51所示，点选想要编辑的创想模块（这里以设置黄色创想模块为例），就会进入编辑界面。

图4-51　选择创想模块

第三，定义图片。如图4-52所示，在编辑界面的左上角，有三个图标，分别可以切换到"图片""动作""声音"。在"图片"界面，点击中间的"照相机"图标，可以用小贝头部的摄像头拍摄照片；也可以点击左下角的"图库"图标，从中选择内置的图片素材。

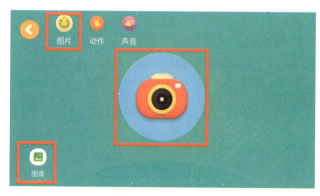

图4-52　定义图片

第四，定义动作。如图4-53所示，在"动作"界面，点击"+"图标可以设置动作，一共可以设置3个动作。在设置动作时，可以选择动作类型、设置动作的持续时长。

（a）添加动作

（b）选择动作

（c）设置动作时长

（d）选择动作时长

图4-53　定义动作

第五，定义声音。如图4-54所示，在"声音"界面，点击中间的话筒图标，可以录音，再次点击话筒图标就结束录音。而后点击耳机图标，可播放刚才的录音。还可以点击左下角的"音频库"图标，从中选择内置的音频素材。

（a）录音

（b）试听录音

图4-54　定义声音

第六，执行程序。需要定义的创想模块全部完成设置后，回到创想模式界面。这时，已经定义过内容的创想模块图标，会出现一圈颜色方框（本例定义的是黄色创想模块，所以该图标方框由白色转变为黄色），没有定义内容的图标则仍然是白色方框。点击右上角"清理配置"按钮，之前定义的全部内容都将被清空。点击创想模式界面上的"执行"按钮，将小贝放在起点模块后，即可让小贝执行程序（见图4-55）。

图4-55　执行程序

五、情景互动编程游戏基本步骤

第一步，教师发布编程任务，介绍任务目标。例如，帮助小贝收集两枚金币到达终点（见图4-56）。对编程基本规则已经比较熟悉的幼儿，也可自主浏览区角挂图上的编程任务图，自行理解任务目标。

图4-56　教师发布编程任务

第二步，幼儿摆放任务图。幼儿根据教师发布的或区角挂图上的编程任务图，在棋盘下垫上，使用编程模块摆放出任务图（见图4-57）。教师应提醒幼儿，原则上任务图是不能随意改动的。如果随意改动任务图，就失去了玩这次游戏的意义了。

图4-57　幼儿摆放任务图

第三步，幼儿设计程序。幼儿使用如直行、转弯、十字路口、丁字路口等不同的编程模块，通过自由拼搭、组合排列等操作，拼接出通畅的路径，并合理解决路径中遇到的事件（见图4-58）。这条路径，其实就是"程序"。

图4-58　幼儿设计程序

第四步，机器人执行程序。让小贝机器人在编程模块上执行程序，小贝会自动寻迹，按照编程模块的指令行走（见图5-58）。程序执行过程中，幼儿应注意观察执行情况：如果程序（路径）设计正确，小贝就能完成任务；如果程序（路径）中有错误，小贝就无法完成任务，幼儿需要检查并修改程序。

图4-59　机器人执行程序

第五步，机器人反馈程序执行结果。程序顺利执行成功后，小贝机器人屏幕上将出现程序执行数据，供教师和幼儿评判任务执行的结果（见图4-60）。

图4-60　机器人反馈程序执行结果

情景互动编程的
规则与玩法

以上为一次编程游戏的基本流程。由于任务图的变化，任务目标的调整，游戏将呈现出许多可能性。在实际的教学及游戏活动中，教师和幼儿会逐步体验到这种多样性。

专题 四 模块指令编程

学习任务单

项目	具体内容
学习目标	1. 理解和熟记模块指令编程各模块、各指令的功能。 2. 掌握模块指令编程的语法规则。 3. 能够独立开展模块指令编程游戏。
学习重难点	学习重点：熟记各模块、各指令功能。 学习难点：掌握编程方法，特别是循环语句。
学习时数	2学时。
学习建议	多操作、多练习、多讨论，同学之间一起游戏。
学习运用	给其他同学出几道模块指令编程的游戏任务（题目），试试看能否难倒同学。

情境问题

你认为模块指令编程这款游戏的难点是什么？你认为可以如何解决？

学习前的观点	学习后的思考

一、模块指令编程概述

幼儿园小中班的幼儿在掌握情景互动编程，进入大班之后，就可以开始接触模块指令编程了。

幼儿需要用程序指令（以磁贴形式出现）为机器人编程，程序手动输入机器人后，将驱动机器人在实物模块上行走，完成特定的任务。

模块指令编程的语法规则与编程方式，介于情景互动编程与图形化编程之间，是实物化编程向图形化编程过渡的一个阶段，编程方式上比情景互动编程略微抽象一些，在语法规则上比图形化编程简单很多，可以作为编程幼小衔接的课程使用。

二、模块指令编程游戏背景

模块指令编程的游戏发生在一个虚构的"童话世界"中（见图4-61），共设计了三个主题，如表4-1所示，分别是："奇幻寻宝"，帮助寻宝者（小贝）收集装备，到达神秘岛打开宝箱；"梦幻舞会"，帮助"补丁姑娘"（小贝）收集装备，到达梦幻城堡参加舞会；"英雄无敌"，帮助小英雄（小贝）收集装备，到达恶龙谷消灭恶龙，拯救世界。三个任务共同的特点是不仅要送小贝到达目的地，还要收集相应的装备。这是完成任务的必要条件。我们还提供了一种无主题的模式，可以打破三个主题规定的任务条件。此外，教师还可以增加其他条件，如增加障碍或困难，限制使用的草地模块，限制走的步数等。

图4-61　游戏背景"童话世界"

表4-1　任务设置

任务主题	沿途要收集到装备			目的地
奇幻寻宝	藏宝图	指南针	钥匙	神秘岛

任务主题	沿途要收集到装备			目的地
梦幻舞会	舞裙	水晶鞋	南瓜车	梦幻城堡
英雄无敌	飞马	铠甲	宝剑	恶龙谷

三、编程模块

模块指令编程的实物编程模块，背景图案由街道改为草地，这意味着一个重大变化：原先的路径图案里包含了方向信息，如直行、转弯等模块，机器人一走上该模块就知道应该往哪个方向走（自动循迹、自主行走）；而草地图案中则没有方向信息，机器人在该模块上是无法自行知道该往哪个方向走的，必须由幼儿编写程序，并将程序输入机器人才能驱动机器人行动。

另外，需要注意的是，模块指令编程的实物模块主要作用是建构地图，不再具备程序指令的功能。

模块指令编程的模块，除了起点模块有明确的方向性外，其余模块均无方向性，即从任一方向均可进入模块，同时也可从任一方向离开模块。

模块指令编程一共设置了五大类25种编程模块。

（一）起止模块

1. 起点模块

起点模块表示小贝机器人出发的地点。图4-62中的箭头即为小贝出发的方向。如果将小贝放在起点模块并执行程序，这时不论小贝的正面朝向哪里，它都会先原地转向到箭头所指方向，随后朝箭头所指方向前进。所以，编程时的第一个指令，肯定是前进。起点模块一共设计了4种颜色，主要是为了便于在教学和游戏中标记不同任务或路径的起点，在功能上没有区别，可以混用。

图4-62　起点模块

2. 终点模块

终点模块表示小贝机器人到达的终点。当小贝进入终点模块时，不论程序是否执行完，都将停止行走。如果此时程序已执行完，则统计出本次行走的步数、收集到的装备数量、战胜的困难数量等事件数据；如果此时程序还没执行完，则报错。

终点模块一共设计4种（见图4-63），神秘岛、梦幻城堡、恶龙谷必须与其对应主题的装备模块共用，如果在任务地图上配错，程序执行结果就会报错；通用终点模块是不带任务主题的，教师和幼儿可以用其设置一些开放的任务条件。

（a）奇幻寻宝终点模块：
神秘岛

（b）梦幻舞会终点模块：
梦幻城堡

（c）英雄无敌终点模块：
恶龙谷

通用终点模块

图4-63 终点模块

（二）装备模块

装备模块表示完成任务要收集到的装备。收集装备也相当于在到达终点之前，必须经过的地点。在三大主题任务的默认要求中，没有先后顺序的要求，只要有经过（收集到）即可。教师和幼儿也可以自行要求按照一定的顺序经过（收集）装备。

1. 奇幻寻宝装备

奇幻寻宝装备包括藏宝图、指南针和钥匙，如图4-64所示。

（a）藏宝图

（b）指南针

（c）钥匙

图4-64 奇幻寻宝装备

装备的意义：藏宝图能告诉小贝宝箱藏在哪里，指南针让小贝不迷路，钥匙能打开宝箱，取出宝藏。

2. 梦幻舞会装备

梦幻舞会装备包括舞裙、水晶鞋和南瓜车，如图4-65所示。

（a）舞裙

（b）水晶鞋

（c）南瓜车

图4-65 梦幻舞会装备

装备的意义：小贝扮演的角色"补丁姑娘"需要穿上舞裙、水晶鞋、乘坐南瓜车，才能进入城堡参加舞会。

3. 英雄无敌装备

英雄无敌装备包括飞马、铠甲和宝剑，如图4-66所示。

（a）飞马　　　　　　（b）铠甲　　　　　　（c）宝剑

图4-66　英雄无敌装备

装备的意义：小贝扮演的英雄角色，只有穿上铠甲才不会受伤，只有骑上飞马才能飞上天与恶龙战斗，只有宝剑能消灭恶龙。

（三）场景模块

场景模块表示小贝探险路上遇到的各种障碍或困难（见图4-67）。除火山模块外，不同的场景模块均有对应的魔法道具可以战胜，将在下一节具体介绍。

场景模块既可以使用魔法道具通过，也可以绕过，具体要根据任务要求来决定如何处理。

火山模块相当于禁止通行。只要小贝进入火山模块，就会被烧焦。意味着程序终止，任务失败。火山模块没有可以战胜的道具，只能绕过。

（a）火山模块　　　　　（b）女巫模块　　　　　（c）鳄鱼河模块

（d）僵尸模块　　　　　（e）巨怪模块　　　　　（f）千年树妖模块

图4-67　场景模块

（g）九尾猫模块

（h）蜘蛛怪模块

（i）食人花模块

图4-67　场景模块（续）

（四）路径模块

路径模块，又称"草地模块"，主要作用是拼接路径，将编程任务地图上零散分布的各个模块连接起来，形成一条畅通的路径供小贝行走（见图4-68）。

图4-68　草地模块

（五）创想模块

图4-69为模块指令编程中的创想模块，其功能以及在编程中的含义与情景互动编程类似，在此不再赘述。

不同的是，如果创想模块未被定义，则小贝在经过时没有内容可播放，相当于经过草地模块的效果。

图4-69　创想模块

四、编程指令

如前所述，模块指令编程实物模块的主要作用是建构地图，不再具备程序指令的功能。那么程序指令的功能由谁来承担呢？原来，该功能转移到一套专门的编程指令体系中，并且通过实物化的指令磁贴来表示。

指令磁贴画面的下方，都印着小草，目的是便于识别磁贴的上下，摆放时都是小草的一侧在下方。

（一）方向指令

模块指令编程的语句中，第一个必须是前进指令（见图4-70）。前进指令的功能，是驱动机器人向前进。前进指令可以跟参数。在不跟参数时，表示前进1步；如果跟了参数n，则表示前进n步。

图4-71的三个指令统称"转向指令"，其功能都是驱动机器人原地转向。也就是说，转向指令都不会让机器人产生位移。

如果将转向指令连用，计算机就会先算出最终的值，然后直接驱动机器人做出一次转向动作，而不会做出连续的转向动作。例如，某语句是"左转、向后转"，机器人不会先左转，再向后转，而是一次性直接向右转。也正因此，转向指令是不能跟参数的。

图4-70　前进指令

（a）左转指令　　　　（b）右转指令　　　　（c）向后转指令

图4-71　转向指令

（二）参数指令

"参数"是计算机程序中的重要概念，表示从外部传进子程序或函数的值或变量（见图4-72）。例如，如果把函数理解成一个锅，那么肉、菜等食材就是不同的参数，这个函数的功能是把输入的参数"煮熟"，输出的是不同的熟食。

在模块指令编程中，只有前进指令和循环开始指令可以跟参数。使用参数可以极大简化程序。

前进指令本质上也可以看作一个子程序或函数，它跟上参数就表示该函数循环执行的次数，亦即前进的步数。

参数2　　　　　　参数3　　　　　　参数4　　　　　　参数5

图4-72　参数指令

（三）道具指令

道具指令是用来战胜场景模块的，如果想要让机器人直接通过场景模块，编程时就必须使用对应的道具（见图4-73）。不论用错道具还是没用道具，都会让机器人陷入困境，导致任务失败。道具指令必须且只能与前进指令并列使用，转向指令不能并列道具指令。

场景模块	女巫模块	鳄鱼河模块	僵尸模块	巨怪模块
对应道具指令	顶呱呱魔法棒	无敌号铁皮船	葵花战士	神奇变身水

图4-73　场景模块对应道具指令

场景模块				
	千年树妖模块	九尾猫模块	蜘蛛怪模块	食人花模块
对应道具指令				
	逍遥跳舞笛	萌萌哒逗猫棒	妈妈牌毛衣针	强力粘粘弹

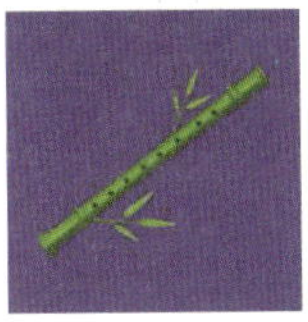

图4-73　场景模块对应道具指令（续）

（四）语法指令

语法指令是指在模块指令编程中起特定语法作用的指令。

1. 并列指令

并列指令表示将两个指令同时执行（见图4-74）。例如，当机器人要进入鳄鱼河模块时，就需要将前进指令与无敌号铁皮船指令同时运行，在编写程序语句时，必须使用并列指令，将两个指令关联起来。只有前进指令才能使用并列指令。

2. 循环指令

当要编写循环结构语句时，需要用到循环开始指令和循环结束指令，以分别标记循环体的开始，和循环体的结束，如图4-75所示。这一对指令必须成双成对出现，不可缺失任一个，相当于一对括号，括号内的语句就是循环体。循环开始指令可以跟参数，表示循环的次数。

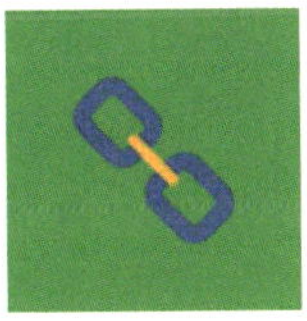

图4-74　并列指令

（a）循环开始指令 　（b）循环结束指令

图4-75　循环指令

五、模块指令编程游戏基本步骤

第一步，教师发布编程任务，介绍任务目标。这一步与情景互动编程类似。

第二步，幼儿摆放任务图。幼儿使用实物模块在棋盘下垫上摆放出任务地图（见图4-76）。这一步的做法与要求，也与情景互动编程类似。

图4-76 任务地图

第三步，幼儿规划路径。幼儿须根据任务要求，思考小贝的行走路线，并用草地模块拼接出贯通的路径。注意：这一步非常关键，如果路线都设计错了，或路径拼接错了，那么后面的程序是根据路线编写，就算程序没有bug，任务也会失败。

第四步，幼儿编写程序。幼儿运用指令磁贴，在编程记录板上编写出程序。由于大班幼儿的空间方位感发展情况不一，有的幼儿还无法判断第三方客体的左右，因此，在这一步，有困难的幼儿可以分工合作，如图4-77所示，一名幼儿扮演小贝，站在实物模块上模拟小贝视角，一边按规划的路线行走，一边说出每一步指令；另一名幼儿则拿着编程记录板和指令磁贴及时将指令逐一记录下来（见图4-78）。

图4-77 分工合作　　　　　　图4-78 用指令磁贴编写的程序

第五步，幼儿输入程序。进入小贝机器人模块指令编程App，在程序输入界面，幼儿可以用刷卡的方式，或屏幕点选的方式，将刚才编写好的程序输入机器人内存中（见图4-79）。为了减少输入错误，在这一步，也可以让幼儿分工合作：一名幼儿将编程记录板上的指令逐个读出，一名幼儿将指令输入机器人。

（a）刷卡输入

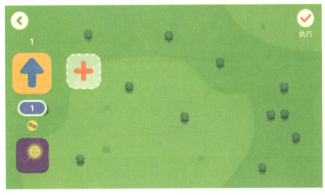

（b）屏幕点选输入

图4-79　输入程序

第六步，机器人执行程序。在程序输入界面，点击右上角"执行"图标，然后把小贝机器人放在起点模块，让它执行程序（见图4-80）。小贝会根据程序自动寻迹、行走。程序执行过程中，幼儿应注意观察执行情况：如果程序正确，小贝就能完成任务；如果程序有bug，小贝就无法完成任务，就需要检查并修改程序。

图4-80　机器人执行程序

第七步，机器人反馈程序执行结果。程序顺利执行成功后，小贝机器人屏幕上将出现程序执行数据，供教师和幼儿评判任务执行的结果。

六、模块指令编程语法规则

下面以一项编程任务为例，说明模块指令编程的语法规则。任务是：帮助小贝到神秘岛找到宝藏。

（一）任务分析

首先我们要确定，这是哪个任务主题？奇幻寻宝。因此，我们要将隐含的任务要求补充完整，即让小贝从起点到达终点，沿途要经过藏宝图、指南针、钥匙三个模块（见图4-81）。

在规划路线时，我们很自然会规划出红色路线（见图4-82），但发现有两个场景模块（九尾猫和鳄鱼河）刚好挡住去路，所以我们在编程时要把这两个障碍消灭掉。

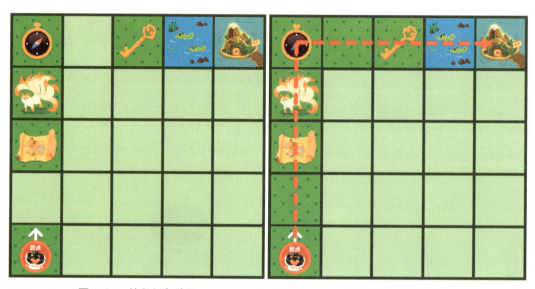

图4-81　编程任务地图　　　　　　　　图4-82　规划路线

（二）编程指令板的填写规则

编程结果如图4-83所示，编程指令板的五行表格，从上到下分别是：

第一行，指令序号，用于表示指令的次序，便于幼儿在编写程序和输入程序时进行核对；

第二行，专门填写方向指令，指令必须从左向右一个挨着一个填写，中间不能空缺，程序的第一个指令必须是前进指令；

第三行，专门填写参数指令，参数指令必须跟在前进指令的下方，转向指令不能带参数；

第四行，专门填写并列指令，并列指令必须跟在前进指令那一列下方，不能放在转向指令下方；

第五行，专门填写道具指令，道具指令必须跟在前进指令那一列下方，转向指令不能并列道具指令。

图4-83　编程结果

（三）道具指令的用法

当前进指令带参数 n 时，表示小贝将走出一条 n 步的线段。如果小贝前进的线段中只有1个场景模块或 n 个相同的场景模块，可以直接并列1个道具指令，即小贝在前进 n 步的过程中，在每个模块都使用了1次道具，以确保在经过场景模块时也使用道具。但是，如果在小贝前进线段中有 n 个不同的场景模块，则必须分为 n 个前进指令并列道具。

如图4-84（a）所示，在地图左侧的红色线段中，有2个不同的场景模块，程序必须拆分为2个指令，如图4-84（b）的第1、第2个指令，即小贝先前进1步，进入鳄鱼河模块，因此要使用无敌号铁皮船渡过；接下来，小贝继续前进3步，会经过九尾猫模块，因此要并列萌萌哒逗猫棒来战胜它。如果这里程序编写成"前进 + 参数4 + 并列 + 无敌号铁皮船"，当小贝走到九尾猫模块时，仍然会使用无敌号铁皮船，用错道具，导致程序出错，任务失败。

（a）　　　　　　　　　　　　　　（b）

图4-84　道具指令的用法

（四）循环指令的用法

我们把编程任务改一下，来阐述循环指令的使用方法。地图改变了（见图4-85），任务不变，仍然是帮助小贝到神秘岛找到宝藏。

根据我们规划的路线（见图4-86），可以发现，A段、B段、C段的程序实际上是一样的，因此可以使用循环指令。

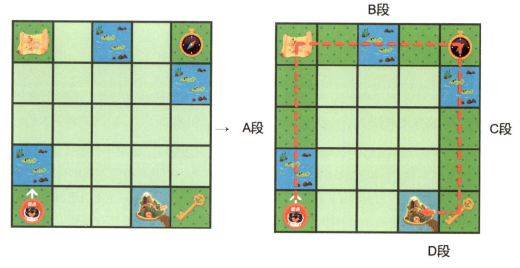

图4-85　任务地图　　　　　　　　　图4-86　规划路线

编写的程序如图4-87，第1列和第4列，是循环开始指令和循环结束指令，它们相当于一对括号，将循环体（第2列与第3列的指令）包含在内。循环开始指令的下方，要填上参数，表示循环的次数。路线A、B、C三段的指令是一样的（都是前进4步并列无敌号铁皮船，再右转），因此要循环3次。但别忘了，还有一个D段。由于3次循环之后，小贝位于钥匙模块上，并且已经转向终点模块，因此只需要再往前走1步即可。

图4-87　编写的程序

循环指令的使用方法总结如下。

（1）必须使用循环开始指令作为循环开始的标志，循环开始指令下方必须带参数。必须使用循环结束指令作为循环结束的标志，循环结束指令下方不能带参数。两个指令不能混淆。

（2）循环开始指令可以出现在程序的开头，但在这种情况下，循环体的第一个指令必须是前进。

（3）如果循环开始指令并不是在程序开头，则循环体的第一个指令可以是转向指令。其实第2、第3两点规定，都是为了避免转向指令成为程序第一个执行的指令。

（4）循环体内的指令使用规则，与循环体外一样。例如，前进指令，依然可以带参数，可以并列道具。

（五）程序 bug 的修复

如果小贝在执行程序的过程中，出现如图4-88所示的提示，说明程序中存在bug，或程序与实际路径不符，这时可以点击"修改指令"图标，重新进入程序编辑界面，对刚才编写的程序进行修改。

图4-88　任务失败提示界面

当然，在修改程序前，你先要找出错误的原因及错误在哪里。通常的步骤是：（1）先将编程记录板上记录的程序，与小贝编程界面上的程序对照一遍，看看是否在输入程序时输错；（2）模仿小贝沿着实物模块路径走一遍，边走边核对程序指令是否正确，如果是程序与路径不符，程序编辑界面就会标记出错误指令；（3）回顾任务要求，看程序是否满足了任务要求。

在程序编辑界面，长按指令，可以删除该指令；点按指令，可以替换原指令。

（六）创想模式的用法

模块指令编程也有创想模式，在主题选择界面，点击右上角的宇宙飞船图标（见图4-89），即可进入创想天地主界面（创想模块的编辑界面）。编辑创想模块的方法，与情景互动编程一致，这里不再赘述。

图4-89　主题选择界面

　　在模块指令编程中,被定义过的创想模块,其功能与效果与场景模块类似;未经过定义的创想模块,其功能与效果与草地模块类似。

模块指令编程的
规则与玩法

专题 五 贝芽实物编程与代码编程

学习任务单

项目	具体内容
学习目标	1. 理解贝芽实物编程与代码编程的内在联系。 2. 能够用情景互动编程拼接出三种算法结构。 3. 能够用模块指令编程编写出三种算法结构。
学习重难点	学习重点：理解内在联系。 学习难点：能拼接或编写出三种算法结构。
学习时数	1学时。
学习建议	结合算法流程图，配合实际操作进行理解。
学习运用	拼接或编写出混合三种算法结构的路径或程序。

情境问题

你认为贝芽实物编程为什么说是编程？

学习前的观点	学习后的思考

　　在学习了贝芽实物编程的两个阶段（情景互动编程与模块指令编程）后，也许大家会产生一个疑问。情景互动编程、模块指令编程这二者之间，形式上差别很大；而这两种实物编程与我们更熟悉的代码编程之间，形式上的差别更大。那么它们之间有内在联系吗？如果有，是怎样的？

　　本节我们将使用代码编程、模块指令编程、情景互动编程来表示算法的三种基本结构（顺序结构、条件分支结构、循环结构），研究三者之间的内在联系。

一、顺序结构

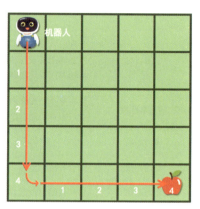

　　我们还是用之前做过的编程任务为例，让机器人走到苹果处（见图4-90）。

　　图4-91（a）是代码编程语言所编写的程序（用算法流程图表示），图4-91（b）是模块指令编程语言所编写的程序，图4-91（c）是情景互动编程语言所编写的程序。这三段程序的指令，都是按照顺序依次执行，都符合顺序结构的特点。

图4-90　编程任务图

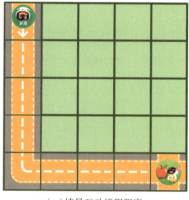

（a）算法流程图　　　　（b）模块指令编程程序　　　　（c）情景互动编程程序

图4-91　顺序结构

二、条件分支结构

　　我们先来看模块指令编程中的条件分支结构。

　　图4-92这个编程任务用模块指令编程表示的程序就如图4-93（a）所示，用算法流程图表示就如图4-93（b）下方右侧所示，可以看出，并列指令的内在逻辑近似于条件分支结构。

图4-92　编程任务

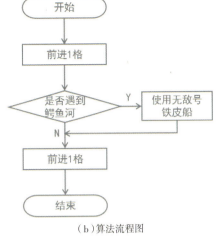

（a）模块指令编程程序　　　　　　　　（b）算法流程图

图4-93　模块指令编程及流程图

我们再来看看情景互动编程该如何表示条件分支结构。

图4-94（a）中，机器人的任务是收集到一枚金币后到达终点。当机器人行走到丁字路口时，路径出现了两条分支。机器人下一步要往哪个分支走，是由幼儿输入的（触摸机器人身体的前后左右）。幼儿就需要根据任务的目标，判断应该往哪个分支走，给机器人输入正确的方向参数。这个逻辑判断的过程，用算法流程图表示就如图4-94（b）所示。

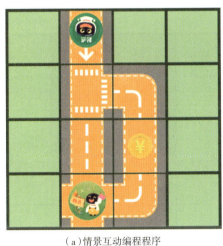

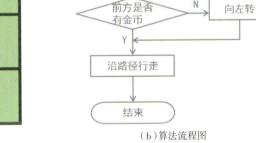

（a）情景互动编程程序　　　　　　　　（b）算法流程图

图4-94　情景互动编程及算法流程图

从上面的例子可以看出，不论是模块指令编程，还是情景互动编程，都能用自己的方式表示条件分支结构。

三、循环结构

在模块指令编程中，有两种情况可以表示循环结构。第一种是前进指令带参数（n）的形式，它的含义就是前进指令循环执行n次，如图4-95中的第2列即属于这种情况。第二种情况是使用循环指令，如图4-95中的第1列到第4列即属于这种情况。

图4-95

在情景互动编程中，可以构造出两种循环结构。第一种是无限循环结构，如图4-96所示无限循环结构有无穷的拼法，但都有一个特点：一定是一个首尾衔接的封闭路径，没有终点模块，路径的最后一个模块从起点模块的后方与其相接。无限循环意味着机器人在路径上将一直行走下去，永远不会停止，直到机器人没电为止。

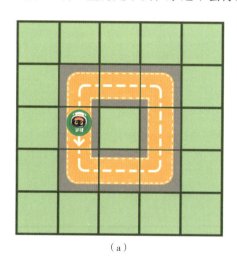

（a）

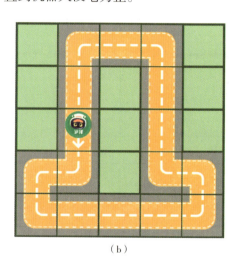

（b）

图4-96　无限循环结构

第二种是条件循环结构。我们在解决实际问题时，不能让机器人陷入无限循环，如何才能跳出循环呢？这就要在循环中加入条件，判断是继续执行循环还是退出循环。如前所述，循环结构又分为当型循环和直到型循环，这两种循环都属于条件循环。

图4-97呈现的就是条件循环的一种拼法。假设任务是收集到5枚金币，那么当机器

人进入圈内开始循环后，幼儿就要注意收集到金币的数量；当机器人每次进入靠近终点的丁字路口模块时，要先判断是否已经收集到5枚金币，如果判断为是，就要及时让小贝向右转，以退出循环。以上就是用情景互动编程模块建构条件循环结构、指挥机器人执行程序时的内在逻辑。

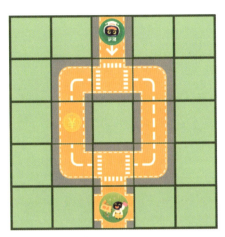

图4-97 条件循环

一切程序都是由顺序结构、条件分支结构、循环结构这三种基本算法结构组成的。三种基本算法结构是一切编程的开始和基础。贝芽实物编程借助简单易懂、形象具体的实物模块，能够实现三种基本算法结构，说明贝芽实物编程与高级程序语言、代码编程的核心理念是相通的。

贝芽实物编程的课程与教学

实物编程作为最适合幼儿学习的一种编程模式，应该如何设计课程、开展教学，课程目标是哪些，教学目标如何设置，日常课程与兴趣课程如何开展教学活动，如何设计实物编程任务，如何利用实物编程设计和开展特色活动，实物编程教育如何进行评价。本模块带你进一步深入探析贝芽实物编程的课程与教学，引领你成长为一名资深的实物编程教师。

思维导图

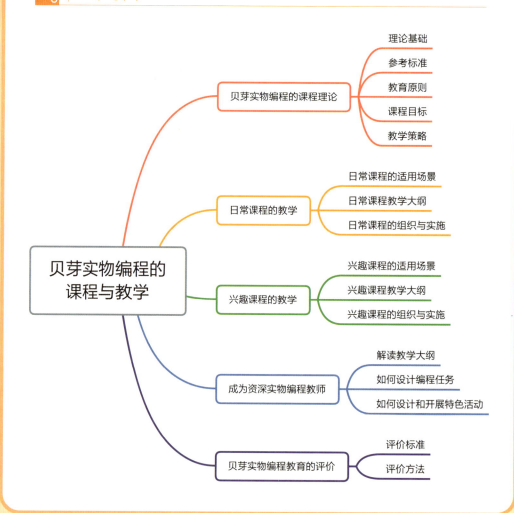

专题 一 贝芽实物编程的课程理论

 学习任务单

项目	具体内容
学习目标	1. 了解贝芽实物编程的理论基础、参考标准、教育原则、课程目标、教学策略。 2. 根据你所了解到贝芽实物编程系统的功能，结合本专题介绍的参考标准与课程目标，谈谈你心目中贝芽实物编程的目标设置。
学习重难点	学习重点：教育学原理相关概念。 学习难点：CSTA 标准。
学习时数	2学时。
学习建议	课后多阅读教育学原理与课程设计方面的专业著作与文献。
学习运用	运用教学策略相关知识，梳理贝芽实物编程课程的教学方法。

❝ **情境问题**

在 CSTA（K-12）标准中，选一条你感受最深的，谈谈你的想法。

学习前的观点	学习后的思考

贝芽实物编程是一种编程方案，也是一种幼儿游戏活动的设备器材，还是附着在设备器材上的一套游戏规则。它在设计之初便是带有教育目的的，特别是在幼儿园的教育环境中，教师可以借助贝芽实物编程，开展一系列教育活动。一系列教育活动经过教育专家、课程专家的系统化、结构化梳理，就形成了"贝芽机器人编程游戏化课程"。

"贝芽机器人编程游戏化课程"是一门运用教育机器人开展实物化编程教学的整合性课程体系，其教学对象是3～6岁的幼儿。根据幼儿园的不同教育需求与教学场景，目前本课程体系已形成日常课程与特色课程两种课程形态。本节重点介绍两种课程形态的通用理论部分：理论基础、参考标准、教育原则、课程目标、教学策略。

一、理论基础

贝芽实物编程课程的理论基础是建构主义教育理论和儿童认知发展理论。

（一）建构主义理论

建构主义理论提倡学习要以学生为中心，认为学生是知识的主动建构者，不是被动接受者，也不是被灌输的对象。教师是学生学习的帮助者、引导者和促进者，不是知识的传输者与灌输者。该理论既强调学习者的主体作用，又不忽视教师的指导作用。

建构主义理论还认为，学生的学习要在一定的情境下，并且要借助他人的帮助，如同伴之间的协作、交流等，通过意义建构获得知识。

所以，理想的学习环境应当包括情境、协作、交流和意义建构四个部分。

第一，学习要有一定的情境。创设有利于学生学习的情境是最重要的环节，好的问题情境设计，可以激发学生学习的兴趣，使学生产生解决问题的动机。同时，情境的设计还要符合教学内容要求，建立新旧知识之间的联系，帮助学生建构当前所学知识的意义。

第二，协作应该贯穿在整个学习活动中。协作可以是教师与学生之间的协作，也可以是学生与学生之间的协作。协作在某种意义上来说也有协商的意思，协商又分为两种形式，一种是自己与自己反复协商怎么做比较合理，另一种是小组内一起讨论、辩论。

第三，交流。交流其实是协作过程中的一种基本方式。例如，怎样才能完成任务、达成目标？怎样能获得教师或其他人的帮助？小组成员之间要通过交流来讨论上述问题。所以，协作的过程也是交流的过程，在这个过程中，每个学生的想法可以被大家共享，可以推进学习进程，是达成目标的重要手段。

第四，意义建构。意义建构即学生获得了知识。比如，学生认识了当前学习事物的性质、发现了事物的规律，或者是理解了事物之间的内在联系，等等。总之，就是学生达到了学习目标，有所收获。建构主义提倡用发现法、探索法去建构意义，为了使意义建构更有效，教师应在可能的条件下组织协作学习，引导学生进行讨论与交流。例如，可以提出适当的问题以引起学生的思考和讨论；在讨论中想办法把问题一步步引向深处，加深学生对所学内容的理解，还可以启发诱导学生自己去探索规律、发现错误并纠正。

（二）最近发展区理论

建构主义的代表人物维果茨基提出了最近发展区理论，认为学生的发展有两种水平：一种是现有发展水平，也就是学生独立解决问题时能达到的发展水平；另一种是潜在发展水平，也就是借助外界的帮助达到的解决问题的水平。现有发展水平与潜在发展水平之间的差距就是最近发展区。

如果只根据学生智力发展的现有水平来确定教学目的、任务和组织教学，面向学生已经完成的发展进程，从发展意义上说是消极的。它不会促进学生发展。所以，维果茨基认为教学应着眼于学生的最近发展区，为学生提供带有难度的内容，调动学生的积极性，发挥其潜能，超越其最近发展区而达到下一发展阶段的水平，然后在此基础上进行下一个发展区的发展，以此不断推动学生的发展。

因此，他提倡支架式教学，也就是给学生提供学习上的支持，如提供进行学习的工具或进行个别化的辅导。这个支架应该根据学生的最近发展区建立，通过支架不断地将学生的智力从一个水平引导到另一个更高的水平。

（三）儿童认知发展理论

皮亚杰认为，儿童的智慧发展表现出阶段性的特征，每一阶段中儿童的思维具有特定的性质。

其中，3～6岁幼儿处于前运算阶段，这个阶段的幼儿处于运算之前并且为运算做准备。幼儿在头脑中形成了对事物的表象，而且能用词语表达出来，从而能进行最初的抽象，能理解和运用从实际生活体验中获得的概念。

皮亚杰将前运算期又分为象征思维阶段和直觉的半逻辑思维阶段。

2～4岁时处于象征思维阶段，幼儿开始运用象征性符号进行思考，也就是用一个信号物表示某些事物的能力。比如，这一时期的儿童喜欢把椅子当成汽车开，这实际上就是一种象征化，表明儿童的头脑中有汽车的表象。该阶段幼儿的思维具有单维性，形成的概念是具体的、动作的，没有一般性概念，常常把个别现象硬套到另一类现象上，会根据自己所想进行不合逻辑的推理。因此，这一阶段的课程设计，除了运用情景互动编程作为主要的编程模式外，还在教学活动设计上注重引导幼儿运用形象思维进行思考，并在教学活动中充分使用幼儿熟悉的事物与概念，方便幼儿将日常经验迁移到学习中，或将知识迁移到日常生活中。

5～7岁时处于半逻辑思维阶段，思维特点是半逻辑性，儿童开始从象征思维向运算思维阶段发展，思维受直觉到的事物的显著特征影响，以具体形象思维为主，抽象逻辑思维开始萌芽，但还不具有守恒的观念，思维具有不可逆性，不能从他人的视角来看待事物，具有自我中心性。因此，这一阶段的课程设计，除了运用模块指令编程作为主要的编程模式外，还适当增加一些抽象元素，激发幼儿的想象；增强编程任务的逻辑性，促进幼儿思维的逻辑启蒙。

综上所述，皮亚杰认为2～7岁儿童的思维活动有四大特点，分别是相对具体性、不可逆性、自我中心性和刻板性。

皮亚杰还认为，动作是认识的源泉，是主客体相互作用的中介。儿童的思维起源于动作，幼儿在动手操作中可以发现简单的逻辑关系，将经验内化为思维。所以，对动作进行具有逻辑意义的概括和内化可以提高逻辑思维能力，此阶段动作逻辑与半逻辑思维的质量也将会影响具体运算阶段及形式运算阶段的质量。

二、参考标准

贝芽实物编程课程在设计时有三个方面的参考标准。在核心素养方面，以《中国学生发展核心素养》为标准；在编程知识方面，参考美国《CSTA计算机科学课程标准》；在幼儿教育的专业性方面，以《3～6岁儿童学习与发展指南》为指导。

（一）《中国学生发展核心素养》

核心素养是指在教育过程中形成的知识、能力、情感态度的综合表现，具有整体性。

核心素养指向过程，侧重学生的自主探究和自我体验，更多地依靠学生自身在实践中摸索、积累、体悟，是个体认知与元认知构建的过程，是在外界引导下的自我发展、自我超越和自我升华的过程。

2016年9月发布的《中国学生发展核心素养》指学生应具备的，能够适应终身发展和社会发展需要的必备品格和关键能力，是关于学生知识、技能、情感、态度、价值观等多方面要求的综合表现。如图5-1所示，《中国学生发展核心素养》以培养"全面发展的人"为核心，分为文化基础、自主发展、社会参与3个方面，综合表现为人文底蕴、科学精神、学会学习、健康生活、责任担当、实践创新等六大素养，具体细化为国家认同等18个基本要点。各素养之间相互联系、互相补充、相互促进，在不同情境中整体发挥作用。[1]

图5-1 《中国学生发展核心素养》总体框架

---

[1] 中国学生发展核心素养研究成果正式发布[N].中国教育报，2016-09-14（1）.

贝芽实物编程课程以《中国学生发展核心素养》为标准，着重培养幼儿的科学精神，启蒙理性思维，敢于批判质疑，勇于探究；让幼儿学会学习，乐学善学、勤于反思，培养信息意识；让幼儿在实践中不断创新，具有劳动意识，提高问题解决和运用技术能力。

（二）《CSTA计算机科学课程标准》

在编程知识的学习方面，贝芽实物编程课程以《CSTA计算机科学课程标准》为依据。

CSTA的全称是Computer Science Teachers Association，即计算机科学教师协会。该协会的使命是为全球计算机科学教师赋能，促进计算机科学教育的发展。该协会在学科标准制定、教师培训、行业会议等方面都做了大量工作。

CSTA于2016年发布了《CSTA K-12计算机科学课程标准》，目的是为各地区的学校制定本地化课程大纲提供指导。该标准对幼儿园至高中阶段（K-12）计算机科学学习的核心概念和核心实践进行了界定，已经被全世界开展编程教育的大部分国家和地区所采用或借鉴。

我们根据该课程大纲中幼儿园阶段所需掌握的编程概念及编程能力，设计适合我国幼儿学习的编程课程。

（三）《3～6岁儿童学习与发展指南》

在幼儿教育的专业性方面，贝芽实物编程课程以《3～6岁儿童学习与发展指南》为参考标准。

《3～6岁儿童学习与发展指南》由教育部于2012年正式颁布，以促进幼儿体、智、德、美为核心，提出3～6岁各年龄段儿童学习与发展目标，并给予相应的教育建议。

根据该指南原则，我们在设计课程体系中，着重关注以下四个方面。

第一，关注儿童学习与发展的整体性。儿童的发展是一个整体，要注重领域之间、目标之间的相互渗透和整合，促进儿童身心全面协调发展，而不应片面追求其某一方面或几方面的发展。

第二，尊重儿童发展的个体差异。儿童的发展速度不相同，到达某一水平的时间也不完全相同，所以要充分理解和尊重幼儿发展进程中的个别差异。

第三，理解幼儿的学习方式和特点。幼儿的学习是以直接经验为基础，在游戏和日常生活中进行的。

图5-2 《CSTA K-12计算机科学课程标准》

CSTA标准解读

图5-3 《3～6岁儿童学习与发展指南》

所以，要珍视游戏和生活的独特价值，创设丰富的教育环境，让幼儿通过直接感知、实际操作和亲身体验获取经验。

第四，重视幼儿的学习品质。幼儿在学习活动过程中表现出的积极态度和良好行为倾向，是他终身学习与发展必需的宝贵品质。所以，要充分尊重和保护幼儿的好奇心和学习兴趣，帮助幼儿逐步养成良好的学习品质，如积极主动、认真专注、不怕困难、敢于探究和尝试、乐于想象和创造等。

三、教育原则

基于前述理论基础和参考标准，结合不断的实践与研究，我们总结提炼出幼儿编程教育的四大原则。

第一，实物化编程原则。根据儿童认知发展阶段理论我们知道幼儿是以具体形象思维为主，所以幼儿编程必须以实物道具为载体，编程语言要具体形象，符合幼儿的认知特点，避免对文字和抽象符号的依赖。

第二，动手操作原则。因为动作是认识的源泉，所以幼儿要在动手操作中进行编程，让幼儿的大脑、眼睛、嘴巴、手、脚都动起来，避免端端正正地坐着的呆板教学形式。

第三，主动探究原则。根据建构主义理论，教学时要创设情境，采用任务驱动的方法，激发幼儿的好奇心与求知欲，让幼儿主动探究去解决问题，让每个幼儿都亲身经历探究、发现、归纳、评价的过程，从而构建起自己对问题的理解，避免被动、灌输式的学习。

第四，尊重差异原则。编程学习是一种"高强度"的智力活动，能够充分反映幼儿思维发展水平之间的差异、发展速度上的差异、学习风格上的差异。我们应尊重幼儿的差异，让每个幼儿在自己的水平上得到发展。幼儿在区角自主探索时，贝芽实物编程课程设计不同难度的活动，让幼儿自由选择适合自己水平和能力的活动。教师应具体分析每个幼儿的学习情况与能力发展水平，进行个性化的指导。

四、课程目标

课程目标是指课程本身要实现的具体目标和意图，即课程要传授幼儿什么样的知识、培养幼儿什么样的能力。课程目标是指导整个课程编制过程最关键的准则，也是教师准确理解和把握贝芽实物编程课程逻辑体系、教学目标的依据。

综合前述理论基础和参考标准，结合时代呼唤与课程特点，贝芽实物编程课程提出将"培养幼儿面向未来的五大能力"作为课程总目标。

（一）培养创造性思维能力

创造性思维能力是指思维活动的创造意识和创新精神，不墨守成规，求异、求变，表现为创造性地提出问题和创造性地解决问题。创造性思维不是生来就有的，而是通过后天认真思考、培养锻炼出来的。通过激发人的好奇心和求知欲，培养发散思维和聚合思维，培养直觉思维和逻辑思维，可以培养创造性思维能力。

幼儿的创造性思维处于萌芽阶段，教育者要做的，是为幼儿创造性思维的发展提供良好的环境，创造更多的机会。贝芽实物编程课程通过全游戏化活动设计，情境化的教学形式，小组合作的游戏形式，提供丰富的可操作材料等，激发幼儿好奇心和求知欲，培养发散思维、逻辑思维，创造独立思考、同侪交流、动手操作、语言表达等学习氛围，为培养幼儿对创造性思维能力提供良好条件。

创造性思维的核心指标是发散思维。贝芽实物编程课程教学内容采用问题式、项目式设计，注重创设情境，让幼儿在游戏中解决问题。当幼儿遇到问题时，倡导教师引导幼儿大胆提出解决方案，并且发散思维，寻找出多种解决方案，通过比较分析，找到最优解决方案，从而创造性地解决问题，以此来培养幼儿的创造性思维。

（二）培养逻辑思维能力

逻辑思维能力是一种认知事物，发现事物内在关系，进而推理出结论的能力。3～6岁幼儿以形象思维为主，逐步发展逻辑思维能力。逻辑思维能力不仅是学好数学必须具备的能力，也是学好其他学科、处理日常生活问题必需的能力。

大脑的底层运动是没有逻辑的，人们通过不断的学习与反思，逐渐形成了自己的一套逻辑思维。贝芽实物编程课程为幼儿创造了大量培养逻辑思维能力的机会，幼儿需要对编程模块或编程任务进行观察、比较、归类、排序、判断、推理，还要根据条件进行推理演算，而后通过实际操作验证结果是否符合预期。大脑在不断的感知、体验、学习、反思中，逐步发展逻辑思维能力。

（三）培养自主学习能力

"自主学习能力"是一个复合概念，包括心态上"愿学"（具有好奇心与求知欲，愿意积极主动地组织和参与自己的学习活动）、方法上"善学"（能形成有效的学习策略和习惯，设立可行的学习目标，以及对记忆、注意等认知能力的控制与运用）、情感上"乐学"（能在学习过程中获得有效反馈，充满成就感与自信心）等。

自主学习能力对个人的成长和发展是非常有价值的。面对人工智能时代的挑战，要适应科学技术飞速发展的形势，适应职业转换和知识更新频率加快的要求，一个人仅仅靠在学校学的知识已远远不够，每个人都必须时刻更新迭代自己的认知，时刻保持开放的学习状态——终身学习。

贝芽实物编程课程鼓励幼儿主动参与、独立思考、乐于探究、勤于动手，充分给予幼儿试错空间，教育机器人可以给予及时反馈，幼儿可以进行反思，修正。贝芽实物编程课程还提供丰富的学习资源以支持幼儿自主学习，锻炼幼儿自学能力。让幼儿在学习编程的过程中，学会如何学习。

（四）培养解决问题能力

解决问题能力，是指人们运用观念、规则、一定的程序方法等发现问题、进行分析、

提出解决方案并最终将问题解决的能力，是人们的一项综合能力。

运用编程工具解决问题已形成一整套思维方法论，叫"计算思维"（或"编程思维"），这是一种计算机科学和工程方面的思维方法，包括分解问题、抽象化、模式识别、算法设计等。

即便是在幼儿编程活动中，幼儿也会面对不同的问题，他们进行独立思考，或合作讨论，分析事物之间的关系，运用分解、条件、算法、调试等编程思维，寻找解决问题的方法，再动手操作将想法付诸实践，来验证能否解决问题，并不断地进行调整和改进，不知不觉中，培养幼儿解决问题的能力。

例如，分解思维是我们在编程时常用到的方法，当我们遇到一个复杂的问题时，可以将这个复杂的大问题分解成几个小问题，只要将小问题逐一解决，那么复杂的大问题也就化解了。幼儿不断运用类似的思路去解决问题，解决问题的能力会有很大的提升。

（五）培养团队协作能力

团队协作能力是指个人在集体（或团队）中，通过交流、协商、分工、协作，让团队目标得到实现的一种综合能力。

人是社会动物，个人价值的实现离不开集体或团队。在高度分工的人工智能时代，个人只有具备团队协作能力，才能实现个人价值。

编写创作程序的过程和问题解决的过程并不是独立的，需要学习主体（个人）之间的协调配合，交流沟通，以此将学习成果最大化。贝芽实物编程课程设计的学习项目，鼓励幼儿以小组合作的方式开展学习和游戏活动。在此过程中，幼儿将学会耐心等待、相互尊重、交流沟通、分工合作，逐渐培养幼儿的协作精神。

五、教学策略

教学策略，是指在特定教学情境中为完成教学目标和适应学生认知需要制订的教学程序计划和采取的教学实施措施。

根据课程目标，结合3～6岁幼儿的认知特点，贝芽实物编程课程的教学总策略是玩中做、做中学、学中觉，最终达到"始于快乐，终于智慧"的效果。

玩中做指在游戏活动中锻炼动手操作的能力，做中学指在实际操作中学习解决问题的能力，学中觉指在学习中领悟编程思维（计算思维）、增长智慧。

可将教学总策略拓展形成三种具体的教学策略，在实际教学中综合运用。

（一）项目式学习

1. 概念

项目式学习（project-based-learning）是一种以学生为中心的建构性的教学方法，教师将学生的学习任务项目化，指导学生基于真实情境提出问题，并利用相关知识与信息资料开展研究、设计和实践操作，最终解决问题并展示和分析项目成果。

首先，贝芽实物编程课程提倡的项目式学习策略，是以学生的兴趣和需要为基础，把有目的的活动作为教育过程的核心和有效学习的依据，让学生基于脑海中已有的知识和经验，自己主动去建构知识并制订相应的学习计划，经过实践来解决实际问题。简单来说，就是提出问题并解决问题，问题可以是教师提出，也可以是学生提出，通常是以小组合作的方式解决问题（见图5-4）。

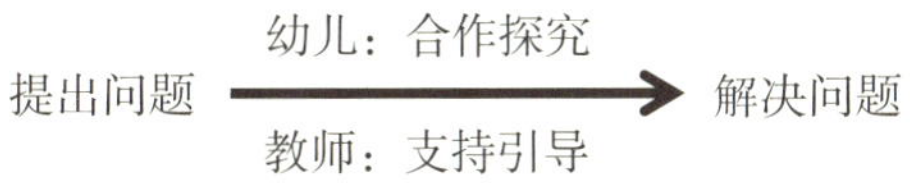

提出问题 ——幼儿：合作探究—→ 解决问题
教师：支持引导

图5-4 项目式学习路径

其次，贝芽实物编程课程提倡的项目式学习策略，重视从经验中总结、归纳，它的起点是经验，形成思维的过程是归纳。

最后，贝芽实物编程课程提倡的项目式学习策略，强调以学习者为中心，赋予学生更多的责任，学生从现实中构建自己的知识，而不是简单地从教师那里获取知识。

2. 步骤

贝芽实物编程课程倡导的项目式学习策略，主要包含提出问题、设计项目、创设环境、探究学习与展示评价五个主要步骤，每个步骤都包含教师的"教"与学生的"学"。

（1）提出问题。提出问题环节是一个教学周期的开始，目的是通过问题或任务引起学生的兴趣，激发学生的使命感，提升学生的参与积极性。在提出问题环节，一定要充分考虑幼儿思维和认知发展的特点，可以从幼儿熟悉的场景和事物出发，也可以引导幼儿观察实物编程操作过程，自主发现存在的问题。提出的问题一定要围绕本单元的教学目标，可以是教师提出问题，也可以是学生提出问题。

在贝芽实物编程课程中，往往以情境导入的方式引出问题，当然，教师也可以以游戏、讨论、实验等方式引出问题，或者根据上一单元活动中教师观察到的幼儿存在的问题引出本单元的问题。

（2）设计项目。设计项目环节主要是明确项目目标、条件与资源。这一环节是对问题的重新确认，目的是将提出的问题进行收敛和集中，避免过于开放导致教学目标发散。一般来说，最佳的方式是教师与学生一起讨论，也可以是学生自主设计。

在具体课程中，由于幼儿还无法很好地自主设计项目，该工作一般由教师完成。教师可以参考课程配套教案中预设的任务，提出幼儿需要完成的任务（项目），并介绍任务的目标、条件、资源。其间，幼儿如有好的想法，教师可以充分采纳到任务中。在贝芽实物编程课程中，一个单元（一个问题）往往设置了若干项目，这些项目是由易到难编排的，复杂度也逐步加大，教师可以循序渐进地安排幼儿逐步深入探究各个项目。同时，在贝芽实物编程课程的教学资源中，为每个单元均提供了拓展项目，教师可安排幼儿在区角活动或其他教学活动时间自主选择。

（3）创设环境。在创设环境环节，教师为学生创设解决问题需要的环境，并提供资源，让学生主动充分地利用资源去解决问题。

在贝芽实物编程课程中，解决问题主要是通过实物编程的手段，因此所需的环境与资源，大部分已经由实物编程系统提供（包括人工智能可编程机器人小贝、一系列实物化编程模块、棋盘下垫、操作材料等），为教师解决了大部分工作。此外，教师还可以根据本单元教学目标、项目要求，自行制作一些材料，如教具或环创等，或引入其他积木、积塑、玩偶等玩具，或绘画、手工等元素，引导幼儿参与环境的创设，使环境更加贴近幼儿的需求，更加引起幼儿的兴趣。

（4）探究学习。探究学习环节则是项目式学习的核心阶段，学生往往组成学习共同体，为解决问题而进行自主探究、协作交流、判断决策，并充分调动、运用自己的各项能力，如计划能力、沟通能力、评估能力、认知能力等对知识进行整合或分析，最终自主形成知识体系的建构。学生之间是互惠的学习，每个学生个体都将得益于共同体中其他成员知识的分享，并对共同体的建设做出贡献。当学生遇到困难或需要帮助时，教师应起到协助和辅导的作用。

在贝芽实物编程课程中，幼儿组成学习小组共同讨论本次任务的解决方案，分工协作进行编程操作、解决问题。教师在这一过程中，应仔细观察幼儿的表现，评估活动的学习效果，并对幼儿的求助给予适当的帮助和辅导。

（5）展示与评价。这一环节，学生展示作品，教师给予过程性评价。

在贝芽实物编程课程中，学生的作品主要是他们编写的程序（情景互动编程为地垫上的路径，模块指令编程为编程指令板上排列的磁贴），以及程序运行的结果（小贝行走的过程）。教师还可以让幼儿讲解他们团队的解决思路、操作步骤。在更高级的程序创编课程中，作品的表现形式更加多样。教师的评价应着眼于幼儿的思维、逻辑、解决问题能力方面的亮点，并关注幼儿在社会发展方面的表现，给幼儿更多机会表达自我。

3. 教师的作用

在项目式学习中，教师和学生地位是平等的，教师的功能是为学生提供学习的机会，并提供丰富的资源帮助学生开展自主学习，提升学习能力。因此，项目式学习中"教"的本质是以能力为导向的教学。项目式学习强调协作交流，教师"教"的功能，还体现在能否更好地促进学生的协作交流，形成健康积极的学习共同体。

（二）游戏化学习

游戏是幼儿成长和学习的重要方式，也是最适合幼儿的学习方式，《3～6岁儿童学习与发展指南》认为，"幼儿的学习是以直接经验为基础，在游戏和日常生活中进行的。要珍视游戏和生活的独特价值"。

如图5-5所示，在游戏化学习中，学习者明确学习目标后，带着特定的任务或问题进入具体而生动的环境中，身临其境、进入游戏角色，进行学习和探究，并体验学习的快乐，通过游戏亲自试验和反复操作，在不断的试误过程中反思自己的方案或思路，不断加深对任务或问题的理解。

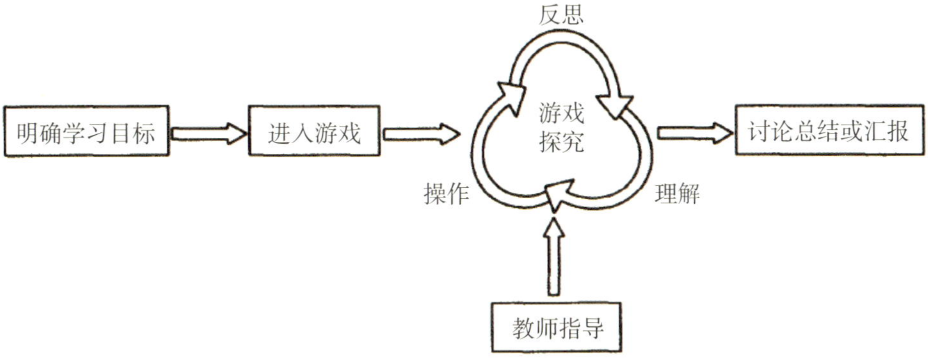

图5-5 游戏化学习路径

构成游戏的三要素如下。

（1）情境：营造一个具体生动的情境，以激发游戏者的兴趣。

（2）反馈：需要给予游戏者即时反馈，帮助游戏者不断调整优化自己的认知或解决方案。

（3）目标：要设置一定的游戏任务，以及要达到的目标，目标的设置需要有一定的挑战性，以激发游戏者挑战任务的动力和信心。

贝芽实物编程课程倡导游戏化学习，实物化编程系统满足了开展游戏化学习的三要素。

首先，整个贝芽实物编程系统，通过机器人、一系列实物化编程模块、棋盘下垫、操作材料等，建构出一个丰富多彩的游戏环境，在配套课程中也为任务创设出具体情境，让幼儿沉浸在游戏过程中，全神贯注地解决问题。

其次，幼儿可以对实物编程模块进行直接操作，还可以与机器人进行互动，幼儿的任何一个操作都会在现实世界（实物模块、机器人本体）或软件界面中得到即时反馈，完成任务后会有一定的奖励，可以让幼儿获得成就感；有错误的提醒，可以让幼儿反思哪里出错了，应该怎样修改，提高幼儿反思能力，这也给幼儿创建了安全的试误环境，让幼儿不怕困难，敢于大胆尝试。

最后，配套的课程设置了一个个任务或项目（单元），由易到难、循序渐进地引导学习者挑战，学习者通过挑战一个个任务、解决一个个问题，逐步掌握整个知识体系与能力要求。

（三）合作学习

合作学习，是指学生为了完成共同的任务，有明确责任分工的互助性学习。合作学习是一种结构化的、系统的学习策略，一般由2～6名能力各异的学生组成一个小组，以合作和互助的方式开展学习活动，共同完成小组学习目标，在促进每个人学习水平的前提下，提高整体成绩，获取小组奖励。

人存在于社会关系中，人际交往对于幼儿的社会性发展尤为重要。在合作学习的过

程中，学生增强了交往，形成了初步的社交能力。小组合作学习是同学之间互教互学、彼此交流知识的过程，也是互爱互助、相互沟通情感的过程，在合作学习中，学生还能更好地形成身份认同感，学生通过分享和交流可以重新认识自己，发现更好的自我。合作学习还能使学生把被动学习变为主动参加。在合作讨论中，学生或多或少都会得到一些结论，而这些结论的特别之处就在于它是学生在合作讨论中得出来的。

维果茨基认为，除了成年人指导之外，儿童与同伴共同完成任务、讨论问题，也可以提高他们已有的认知水平。因此，他认为合作活动比个体活动更优越，可以加速儿童认知水平的发展。皮亚杰学派也认为，通过儿童的相互作用可以更迅速地掌握知识。

贝芽实物编程课程倡导合作学习，不论是集中活动，还是分组活动，抑或是区角活动，都提倡让幼儿以小组合作的方式进行学习。几个幼儿结为一个小组，大家一起讨论怎么解决问题，相互提供解决问题的方法，而后大家一起协作完成任务，最后小组成员一起共享成果。

专题 二 日常课程的教学

学习任务单

项目	具体内容
学习目标	1. 了解日常课程的定义和适用场景。 2. 熟悉日常课程的教学大纲。 3. 掌握日常课程的组织与实施方法。
学习重难点	学习重点：日常课程的教学安排、单元活动的形式、持续时间。 学习难点：日常课程的组织与实施。
学习时数	4学时。
学习建议	学以致用，多到幼儿园开展教学实践。
学习运用	根据教学大纲，任意选择一个贝芽实物编程的知识点，自行编写一篇日常课程教案，并模拟教学。

情境问题

如果你是一位幼儿园教师，应如何安排好本班的"贝芽机器人编程游戏化课程"的日常教学？你对年段长或园长有什么建议？

学习前的观点	学习后的思考

课程形态指的是课程的实施和表现形式。如前所述，根据幼儿园的不同教育需求与教学场景，"贝芽机器人编程游戏化课程"形成了两种课程形态，分别是日常课程与兴趣课程。这两种课程形态的适用场景、课程大纲、课时安排、配套教具、活动场地、空间布置、活动流程等均有区别，故分为两个专题进行介绍。

一、日常课程的适用场景

"贝芽机器人编程游戏化课程"的日常课程形态，顾名思义，是可以融入幼儿园日常教育活动中的课程形态。在编制教学计划时，幼儿园可以为贝芽实物编程课程安排专门的活动时间，也可以将贝芽实物编程课程归入科学领域，统筹安排活动时间。在课程体系建设上，幼儿园既可以将贝芽实物编程课程作为一门相对独立的课程，也可以在消化吸收后，将贝芽实物编程课程融入园所现有的主题课程或领域课程中（在主题课程或领域课程的部分教学活动中，融入机器人编程游戏的元素），或对贝芽实物编程课程进行适当修订，作为体现幼儿园教育理念、凸显办园特色的园本课程来开展。

图5-6　为日常课程配套的教师用书（小班、中班、大班）

二、日常课程教学大纲

（一）设计思路

日常课程
教学大纲

"贝芽机器人编程游戏化课程"日常课程教学大纲紧密服务于课程总目标，借鉴《中国学生发展核心素养》，提出应培养的一系列核心素养；参考《CSTA计算机科学课程标准》，提出幼儿人工智能启蒙教育要掌握的一系列核心概念（包括编程概念与数学概念）。

（二）教学安排

在常规的一学年中，小班有 11 个单元，中班有 10 个单元，大班有 13 个单元。从小班一直到大班，各单元在知识点、能力水平上是紧密衔接的。例如，第一学年，小班幼儿就直接上小班的 11 个单元即可；当小班幼儿升入中班时（第二学年），由于已经有了小班学习的经验，就可以接着上中班的 10 个单元；当升到大班时（导入课程的第三学年），就可以接着上大班的 13 个单元。

当然，当幼儿园导入贝芽实物编程课程的第一学年，中班和大班幼儿也是"零经验"的，因此，课程还提供了 4 节中班先导课、5 节大班先导课。先导课的作用，就是对"零经验"幼儿进行经验铺垫，让幼儿能以最快速度跟上正常课程的进度。例如，中班零基础的幼儿可以先上 4 节先导课，补上一些必要的经验后，接着上中班的 10 个单元。大班零基础幼儿可以先上 5 节先导课，再接着上 13 个单元。

（三）单元活动的形式

每个单元都设计了两个活动，一个属于集体教学活动，另一个属于区角活动。

1. 集体教学活动

集体教学活动是指教师有目的、有计划地组织班级所有幼儿参加的教育活动。集体教学活动时，教师带着幼儿一起探究学习编程，目的是通过教师的示范和部分幼儿的实操展示，让全体幼儿初步了解本单元的新概念、新知识、新操作、新玩法，形成一些间接经验。

在集体教学活动时，教师可根据情况，采用集中活动（全班幼儿一起学习）与分组活动（分成若干小组同时活动）两种形式。

2. 区角活动

区角活动是幼儿的一种自主性学习活动形式，教师根据教育目标和幼儿发展水平，有目的、有计划地投放机器人编程的相关材料，创设活动环境，让幼儿在宽松和谐的环境中按照自己的意愿和能力，自主地选择学习内容和活动伙伴，主动地进行操作、探索和交往的活动。

集体教学活动完成后，教师可以在一段时间内安排区角活动，让幼儿在区角中与同伴一起合作、一起游戏，自主探究实物编程规则，自主探索编程任务的解决方法，自主摸索编程技巧，将集体教学活动获得的间接经验转化为直接经验，熟练掌握新操作、新玩法，并加深对旧概念、旧知识的理解。幼儿在区角进行编程游戏的过程中，免不了会产生一些疑问，有了进一步学习和探究的热情。教师在区角活动期间应注意观察，在捕捉到幼儿的疑惑后及时进行个别启发和辅导，如果是共性问题，则可以考虑在下一单元活动时集中解决。

所以，当进入下一单元的集体教学活动时，可能会有两方面的教学目标，一方面是解决上一单元幼儿在学习、游戏中发现的问题，另一方面是本单元设定的教学目标。

教师可以不局限于教案提供的两个活动，修改原有活动方案，或自行设计新的活动方案，只要活动目标符合本单元的核心概念、核心素养和教学目标即可。

（四）单元活动的持续时间

单元活动的持续时间以周计，由于每个单元教学目标的难度不同，持续时间从2周到6周不等。比较简单的单元通常安排2周，比较难的单元或编程游戏任务比较丰富的通常会安排3周以上。由于不同班级幼儿的能力水平不同，班额不同，配置的设备数量不同……单元活动持续时间由教师根据实际情况灵活掌握，可长可短，贝芽实物编程课程提供的建议持续周数仅供参考。教师应通过合理安排区角活动，尽量让班级每个幼儿都有机会进入区角，让幼儿有充分的自主操作体验时间。

三、日常课程的组织与实施

（一）集体教学活动

1. 活动准备

（1）教学设备与教学道具的准备。"贝芽机器人编程游戏化课程"已经为教师提供了一整套的教学设备与教学道具，包括每一次教学活动必不可少的编程设备——机器人"小贝"，以及编程教学道具棋盘下垫、编程模块。

一般来说，一个30～40人的班级开展集体教学活动，需要4套编程器材（每套器材包括编程机器人1台、棋盘下垫25片、情景互动编程模块41片、模块指令编程模块39片）。4套编程器材基本能满足一个班级从小班到大班三年的教学需求。如果多个班级要开展教学，则可以将设备道具布置在公用教室，用走班的方式轮流使用。

至于每次活动时需要设备道具的具体数量配置，在教案中均有建议。为什么每次活动需要的数量都不尽相同呢？这是由该次活动的目标、活动过程中要解决的编程任务，以及参加活动的幼儿人数、分组情况决定的。因此，教师应认真备课，提前准备好上述教学设备与教学道具。

例如，中班第一单元"敬业的公交车司机"的活动"公交车司机小贝"，活动目标比较简单，只需要请部分幼儿操作体验即可，因而教案中建议需要的小贝机器人数量为1台，棋盘下垫只需要25片（拼成规格5×5的正方形），编程模块需要28片。

又如，中班第二单元"我是跳跳镇的好公民"的活动"跳跳镇上的新朋友"，活动目标相对复杂一些，而且希望全班小朋友都能参与操作（至少编成4组），因而教案中建议需要的小贝机器人数量为4台，棋盘下垫需要100片（拼成4组规格为5×5的正方形），编程模块104片。

当然，教案中建议的数量，只是按理想化模型估算的最小值。有条件的幼儿园，或者生数较多的班级，可以适当多准备一些，这样教学效果也会更好一些。

（2）其他材料的准备。为了增强活动效果，使场景更加形象丰富，教师可根据教案的建议，或发挥自己的主观能动性，自行准备一些道具或材料。

例如，中班第一单元"敬业的公交车司机"的活动"公交车司机小贝"，有一项编程任务（见图5-7），要求幼儿拼接模块形成通路，使小贝机器人能从起点出发，经过2枚金币模块，最后到达终点。

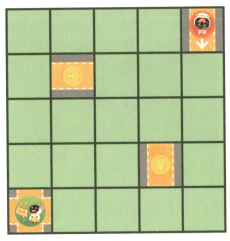

教师可以准备两个小动物的玩偶（如小兔和小猪），摆放在两个金币模块上，并说："小贝最近担任公交车司机啦，坐一次公交车要给小贝司机1枚金币。跳跳镇上的小兔和小猪，都拿着金币，等着小贝司机来接它们去动物园。你能规划路线，帮助小贝司机接到小兔和小猪吗？"这样，通过两个玩偶道具，

图5-7　"公交车司机小贝"编程任务

就把一个比较专业表述的编程任务，转化成了幼儿能听懂而且感兴趣的游戏任务。

2. 场地布置

"贝芽机器人编程游戏化课程"的设备与道具都是可以很方便地移动与收纳的，因此对活动场地的要求不是很高。在什么场地开展活动，取决于单元教学目标的难易程度。在课程配套的教师用书中，也会对每个单元适合在什么场地开展给出参考建议。

集体教学活动可以在机器人编程专用教室（见图5-8、5-9），或多功能室、音体室等比较宽敞的空间开展，也可以在班级教室里开展。教师在活动前将设备与道具摆放出来，活动后再收纳起来。

当单元教学目标难度较高，需要让全班尽可能多的幼儿参与游戏、获得操作体验时，在机器人编程专用教室，或多功能室、音体室等比较宽敞的空间，效果是比较好的。因为宽敞的空间可以摆放多套设备与道具，允许多个小组同时操作编程。

图5-8　某幼儿园的机器人编程专用教室全景

图5-9　在专用教室开展集体教学活动

　　当单元教学目标难度不大时，也可以在班级教室开展，但由于班级教室空间一般不大（见图5-10），往往只能摆放一套设备道具，活动时侧重于教师示范，并请一部分幼儿操作体验，大部分幼儿旁观，需要另外安排时间到区角活动中详细体验。

图5-10　在班级教室开展集体教学活动

　　在班级教室里开展集体教学活动时，建议将大屏设备摆在最前方用来播放课件，棋盘下垫放在中央，棋盘下垫前方或两侧摆放编程模块与小贝机器人。幼儿按U字形位次围绕棋盘下垫坐好，布置方法如图5-11所示。

　　在空间较大的专用教室开展集体教学活动时，同样是大屏设备放在最前方，幼儿按U字形位次围绕棋盘下垫坐好，在教室的中后方再摆放若干组棋盘下垫、编程模块及机器人，布置方法如图5-12所示。

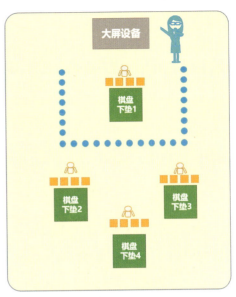

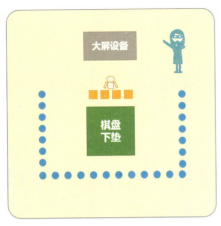

图5-11 场地布置方法1   图5-12 场地布置方法2

在情境导入与探究新知环节，幼儿一般是围着棋盘下垫1来学习；在编程体验环节，可将7～8名幼儿编为一组，分别到各个棋盘下垫上去进行编程操作。

3. 活动流程

日常课程集体教学活动一般包括三个环节：情境导入、探究新知与编程体验。

第一个环节是情境导入，通过创设一个问题情境，激发幼儿学习兴趣和解决问题的动机。

第二个环节是探究新知，通常是引导幼儿认识新的模块，或新的编程规则，或新的编程任务类型，然后一起探究模块或规则的运用方法或解决问题的方法。

第三个环节是编程体验。在幼儿掌握基本方法后，如果是在班级教室（小空间）内活动，就请几名幼儿上来操作完成任务，其他幼儿观察学习。如果是在专用教室（大空间）内活动，就请幼儿分组操作，尽量让每个幼儿都有动手操作的机会。因此，在班级教室和专用教室中开展集体教学活动在流程上的区别，主要体现在第三个环节编程体验上。

一般来说，探究新知环节、编程体验环节会分别设计一个编程任务，因此每个集体教学活动都至少要完成两个编程任务。

集体教学活动结束后，不论是在班级教室还是在专用教室，教师都应培养幼儿养成收纳的习惯，让幼儿自行将设备和道具都分类整理收纳好，便于下一次活动使用。分类的过程，能发展幼儿的数理逻辑思维；整理收纳的过程，能发展幼儿的独立自主能力。

贝芽机器人编程游戏活动：梦幻舞会（大班）

（二）区角活动

1. 场地准备

区角活动主要是在班级教室开展，需要一个 2～3 平方米的空间，其中摆放好棋盘下垫，机器人和编程模块平时可收纳在旁边的柜子中，幼儿玩的时候再拿出来（见图 5-13、5-14）。

图 5-13　不同幼儿园的教室区角

图 5-14　在班级教室开展区角活动

区角活动也可以在专用教室开展，只不过活动组织形式改为了分组活动，每一组相当于一个区角（见图 5-15）。

图5-15 在专用教室开展分组活动

2. 活动准备

教师需要提前将设备和道具从柜子中拿出来摆放好。但我们更建议教师培养幼儿自行将设备道具拿取摆放的习惯和能力。

此外，课程提供了区角挂图（见图5-16）。区角挂图是幼儿自主学习的工具，可供幼儿自行查阅每个单元的游戏任务，自行开展游戏闯关。教师可将区角挂图长期挂在墙上（或摆放在画架上）。

图5-16 区角挂图（以中班第二单元为例）

一般来说，每个单元都会配1页挂图，不过有的单元难度较大或任务较复杂，区角活动的持续时间建议也相对更长一些，挂图也会配2页，以确保幼儿有足够多的任务进行闯关。

教师应引导幼儿看懂区角挂图。以中班第二单元为例（见图5-16）。第1页的左上角是本单元的故事图，可以帮助幼儿回忆本单元的故事背景、教学内容与主要任务。右上角是游戏材料，列出了本次游戏需要准备的编程模块类型和数量，便于幼儿自行拿取摆放。这里的材料与数量是基本可以保证幼儿完成这个单元的任务的，教师也可以适当多存放一些在柜子中，让幼儿有更多的发挥空间。中间一栏是编程步骤，画出了本单元探究新知环节的编程任务图与编程步骤，可以帮助幼儿温习。如果幼儿在游戏时突然忘记了如何解决问题，那么教师可以引导幼儿观看这一部分内容，启发幼儿思路。第1页的下方和第2页全页，是编程任务图。编程任务图从易到难排列，任务图下方图标（如红旗、大拇指等）的数量越多，表示编程任务越难。教师可告诉幼儿，如果解决了这个编程任务，就可以获得相应数量的积分。

对于编程能力发展水平一般的幼儿，可以从第一张任务图开始挑战，进而层层闯关。对于编程能力发展水平较高的幼儿，可以跳过简单的关卡，从第三张或第四张任务图开始闯关，每一单元最后两张任务图会较难一些，难度通常是超出课程目标的，是为能力发展水平较高的幼儿准备的。

用好区角挂图，可以培养幼儿自主游戏、自主学习的能力。教师还可以自制一些材料，辅助游戏的开展。例如，设计表格，让参与区角游戏的幼儿填写闯关的成绩，记录闯关时的心情。这样不仅让幼儿养成记录的习惯，教师也可从中更好地了解幼儿对编程技能的掌握情况和游戏时的状态，并给幼儿奖励相应的积分（见图5-17）。

图5-17　某幼儿园设计的区角游戏记录表

又如，教师可以和幼儿一起讨论游戏中安排哪些角色和工作，设计"角色挂牌"，幼儿在每次游戏时都可以相互商量、自主选择自己的角色。这样有助于幼儿认知自己在游戏中的工作，强化责任意识（见图5-18）。

图5-18 某幼儿园设计的"角色挂牌"

3. 活动流程

区角活动的流程比较简单。教师可以参考教案，先对幼儿介绍一下本次活动的编程任务，就可以让幼儿自行游戏了。

如果幼儿已经能很熟练地查阅区角挂图、独立自主开展游戏，教师就基本可以放手，让幼儿自己开展游戏活动。

教师在区角游戏中扮演的角色是观察者。为此，教案中提供了"区角活动观察评价表"，列出了本次活动的评价标准和观察要点（见图5-19），教师可据此记录幼儿的表现和问题，作为评估幼儿是否掌握本单元目标的依据之一。

区角活动观察评价表			
观察对象：	年龄：	观察时间：	
序号	评价标准	评分	备注
1	根据任务图正确摆放模块		
2	能够发现路径中的错误		
3	将错误模块修改正确		
4	让小贝执行程序来验证		
5	能够熟练运用转弯模块		
6	在游戏中认真严谨、不怕困难、敢于探究和尝试		
7	有解决问题的兴趣和热情		

区角活动观察评价表			
观察对象：	年龄：	观察时间：	
序号	评价标准	评分	备注
1	知道克服危险需要使用哪一个道具指令		
2	理解并列指令的意义		
3	在指令记录板上正确记录指令		
4	掌握输入并列指令与道具指令的方式		
5	与同伴协商讨论，一起解决问题		
6	不畏艰难，集中注意力完成任务		

图5-19 某两个单元区角活动的观察评价表

教师如果观察到幼儿的问题，则可以适时予以指导；如果问题比较普遍，具有共性，则可以考虑在下一单元集中解决。

4. 环境创设

好的区角环境创设，有利于安定幼儿的情绪，或激发幼儿对游戏的兴趣，或启发幼儿解决问题的灵感。教师可以发挥主观能动性，发动幼儿一起，利用绘画、手工、照片等，制作各种各样的材料，布置区角环境（见图5-20）。

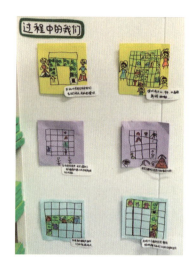

（a）提示使用方法、编程步骤

（b）展示教师设计的编程任务

（c）墙面游戏

（d）约法三章 建立规则

（e）营造归属感、安定情绪

图5-20　区角环境

（f）激发兴趣 启发灵感

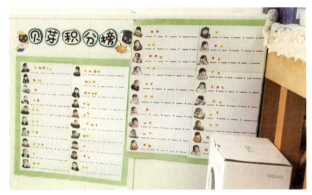

（g）游戏积分榜，鼓励幼儿力争上游

图5-20　区角环境（续）

专题 三 兴趣课程的教学

学习任务单

项目	具体内容
学习目标	1. 了解兴趣课程的定义和适用场景。 2. 熟悉兴趣课程的教学大纲。 3. 掌握兴趣课程的组织与实施方法。
学习重难点	学习重点：兴趣课程教学大纲的设置。 学习难点：兴趣课程的组织与实施。
学习时数	4学时。
学习建议	学以致用，多到幼儿园开展教学实践。
学习运用	根据教学大纲，任意选择一个贝芽实物编程的知识点，自行编写一篇兴趣课程教案，并模拟教学。

情境问题

学习过"贝芽机器人编程游戏化课程"的日常课程与兴趣课程两种形态，你认为这两种形态的区别有哪些？

学习前的观点	学习后的思考

一、兴趣课程的适用场景

"贝芽机器人编程游戏化课程"的兴趣课程形态，主要是作为幼儿园的一项兴趣班课程来开展，目的是培养对人工智能、编程思维感兴趣的幼儿，着重发展其逻辑思维特长，培养其自主学习、解决问题、创造、协作等能力，是幼儿园现有课程体系的有益补充。兴趣课程形态也有完整的课程体系和教学大纲，以及相对独立的教学计划。

二、兴趣课程教学大纲

兴趣课程
教学大纲

（一）设计思路

兴趣课程教学大纲与日常课程教学大纲一样，都服务于课程总目标。它借鉴《中国学生发展核心素养》，提出幼儿人工智能启蒙教育应培养的一系列核心素养；参考《CSTA计算机科学课程标准》，提出要掌握的一系列核心概念（包括编程概念与数学概念）。

兴趣课程教学大纲与日常课程教学大纲的区别如下。

第一，日常课程的设计出发点，是为了更好地与幼儿园现行的主题或领域课程相融合，并提供集体教学活动、区角活动等多种活动方案和教育资源供教师灵活实施，便于幼儿园进一步开发成园本特色乃至班本特色课程。兴趣课程的设计出发点，是为了满足幼儿园开设兴趣班的需求，补充幼儿园课程体系。

第二，兴趣课程的教学大纲，在单元教学目标的设置上，与人工智能教育的第三方测评标准衔接得更加紧密。例如，北京理工大学和中国关心下一代工作委员会健康体育发展中心牵头制定的《青少年人工智能综合素质测评标准》，贝芽负责执笔编写了其中针对3～6岁学龄前儿童的专项标准《人工智能实体模块化编程能力专项标准》。教学大纲与测评标准的对标统一，使从"学什么"到"效果如何检验"形成了"学习闭环"，也能更好地满足幼儿园开设兴趣班的需求。日常课程的教学大纲，总体上仍与第三方测评衔接与呼应，但单元教学目标的难度设定相对不高。

第三，日常课程的教学进度弹性比较大，本班教师可根据幼儿掌握情况，决定每个单元活动持续的时间，如有的单元可能持续一周，有的单元可能持续两三周。兴趣课程的教学进度周期性更强，各个单元教学目标的难度梯度分配比较均衡，因此，教师基本可以按照一个相对固定的周期推进教学进度，如一周推进一个单元。

（二）教学安排

兴趣课程每学期设计18个单元，但并不要求全部上完。一般来说，幼儿园每学期可上16个单元（每周安排1个单元）。

表5-1 兴趣课程的教学安排

等级	年级	学期	单元数（个）	配套课程（学生操作手册）	说明
编程一级	小班	第一学期	16～18		采用直观、形象、易学的"情景互动编程"模式。配套课程"机器人小贝""闯关跳跳镇"，从幼儿身边熟悉的人、事、物出发，讲述机器人小贝来到跳跳镇，结识新朋友、探索周围世界的故事，展示了幼儿对人际关系、自然界和社会环境的探索过程。
		第二学期	16～18		
编程二级	中班	第一学期	16～18		采用"情景互动编程"难度相应提升，融入更多数学、逻辑方面的能力要求。中班幼儿开始关注更加广阔的外部世界。课程先后带领幼儿"畅游中国""环游世界"，在让幼儿开阔眼界的同时，播下爱国的种子，开启世界观的启蒙。
		第二学期	16～18		
编程三级	大班	第一学期	16～18		采用"模块指令编程"模式，加强数学思维、逻辑思维、编程思维的培养。"童话大冒险"让幼儿在天马行空的童话世界里，用编程方法、数学思维解决问题。"编程大创想"让幼儿开展想象力，创编故事，设计新游戏，大胆表达自我，主动参与团队协作，培养幼儿的综合素养。
		第二学期	16～18		

（三）单元活动的形式

由幼儿园兴趣班开展的特点决定，"贝芽机器人编程游戏化课程"兴趣课程采用集体教学活动的形式，没有区角活动形式。

（四）单元活动的持续时间

正如前文所述，兴趣课程的教学进度周期比较固定，一般每周开展1次（1个单元），每次活动一般持续50～60分钟，中间可视幼儿年龄情况，休息1～2次。

三、兴趣课程的组织与实施

（一）活动准备

1.教学设备与教学道具的准备

"贝芽机器人编程游戏化课程"已经为教师提供了一整套的教学设备与教学道具，包括每次教学活动必不可少的核心设备——机器人"小贝"，以及教学道具棋盘下垫、编程模块。

一个兴趣班的学生数一般为20人以内，只需要配置一套编程器材（包括：机器人1台编程，棋盘下垫25片，情景互动编程模块38片或模块指令编程模块36片），即可满足该兴趣班从小班到大班三年的教学需要。

2.操作材料的准备

兴趣课程提供了一些操作材料，包括操作手册、操作卡片、编程记录板和指令磁贴（见图5-21～图5-23）。操作手册是每个单元活动都需要的材料。小、中班幼儿每人配发操作手册2本与操作卡片1盒，大班幼儿每人配发操作手册2本与编程记录板1面和指令磁贴1盒。

图5-21　部分学生操作手册

图5-22　操作卡片

图5-23　编程记录板和指令磁贴

在活动时，需要让幼儿先在自己的操作材料上进行独立思考和操作，想好编程方案后，再回答教师的问题，或展示自己的编程方案，或上前操作机器人与编程模块。与日常课程类似，兴趣课程的教师也可根据教案的建议，或发挥自己的主观能动性，自行准备一些道具或材料，使场景更加形象丰富，以增强活动效果。

例如，中班编程二级（A阶）"畅游中国"第9单元，主题探究环节提到有一大群绵羊挡住了小贝的路（见图5-24）。兴趣课程为教师准备的资源包里有绵羊图片，可提前打印出来，或者准备一些绵羊玩偶，或用积木拼一些绵羊造型，摆放在棋盘下垫的相应位置，这样就增强了游戏的效果。

图5-24　主题探究环节界面

（二）场地布置

由于"贝芽机器人编程游戏化课程"的编程器材可以很方便地移动与收纳，对活动场地的要求不高。与日常课程类似，兴趣课程既可以在专用教室开展，也可以与其他功能室共用，或在班级教室进行。

如图5-25所示，场地布置的建议如下。

第一，大屏设备（如一体机、智能电视、智能白板）放在前方正中间的位置。

第二，教师的器材桌可以放在电子白板旁，上面放操作材料等。

第三，在课前将棋盘下垫拼接好，放在教室中间。棋盘下垫周边放置编程模块和机器人，编程模块要分类摆放整齐。

第四，安排好座位和分组，一个兴趣班建议的人数在20人以内，一共分4组。围绕棋盘下垫的三个方向，摆放4张桌子，供各组幼儿坐。幼儿在自己的桌子上对材料进行操作；当需要上前操作编程模块和机器人时，才走到棋盘下垫上。

图5-25中蓝色线条表示教师走动的路线，动线检查时，要实地考察，确保教师走到各个场域的行进动线都无障碍才行。绿色线条表示幼儿从座位走到棋盘下垫的路线，也要确保无障碍，还要避免推挤。

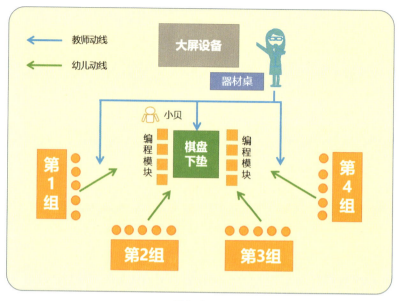

图5-25

（三）活动流程

兴趣课程有一套标准化的教学流程，不论是情景互动编程（编程一、二级）还是模块指令编程（编程三级）的课程，每个单元的活动都由6个环节组成，分别是情境导入、主题探究、课堂练习一、课堂练习二、编程操作、分享总结（见图5-26）。

①情境导入　　②主题探究　　③课堂练习一

④课堂练习二　　⑤编程操作　　⑥分享总结

图5-26　活动环节

第一个环节是情境导入。一般来说，每个单元都设计了4个编程游戏，并设计了1个故事将4个游戏串联起来。教师将本单元故事绘声绘色地讲给幼儿，可以激发幼儿对解决问题的兴趣，加强幼儿对编程逻辑的理解。

第二个环节是主题探究。该环节主要是介绍本单元要教学的新知识或新方法，会先布置第一个游戏作为样例，由教师引导幼儿理解新知识、探究新方法，为接下来的教学打好基础。在此过程中，教师可以请部分幼儿上前实操。

第三个环节是课堂练习一。该环节会布置第二个游戏，供幼儿小试牛刀。

第四个环节是课堂练习二。该环节会布置第三个游戏，难度上会比上一个游戏略微大一点，让幼儿加深理解。

在第三、第四环节，幼儿主要在自己的座位上，使用操作卡片在操作手册上拼摆，或在操作手册上填写、涂色、画线等，或用编程记录板和指令磁贴来记录程序。

第五个环节是编程操作。该环节会布置第四个游戏，用来检验幼儿是否完全理解和掌握本单元的教学目标。教师请幼儿先在自己座位上使用操作材料独立思考编程方案，并讨论形成统一意见，而后请各小组先后上前分工合作，操作编程模块和机器人，展示小组的编程方案和程序执行结果。

第六个环节是分享总结。教师请幼儿说说思考过程、操作心得与经验，并将本单元重点再回顾一遍，联系生活，将编程概念转化为生活中常见的问题，引导幼儿平时继续观察和思考。

（四）小组成员分工

"贝芽机器人编程游戏化课程"倡导合作学习，不论是日常课程形态还是兴趣课程形态，在集体教学活动中，往往都会要求将幼儿分组。每个小组4～6人为最佳。在小组中，教师要善于引导幼儿形成分工。

首先，将幼儿分组后，请本组幼儿自行商定组名（如"超人队"等）。

其次，对各小组成员进行分工。例如，如果每个小组都是5名幼儿，那么教师可以将编程操作细分为5个职责，对应5个角色：

职责一，小队长领导小组，让编程方案协商一致，拼接棋盘下垫；

职责二，地图员在棋盘下垫上摆放任务图；

职责三，程序员设计程序路径，摆放路径模块；

职责四，执行员启动小贝，让小贝执行程序，与小贝互动；

职责五，管理员分类摆放编程模块并收纳整齐。

组内的幼儿可轮流扮演以上角色，让幼儿能尝试多种角色，承担不同职责。教师要观察并记录幼儿在合作学习中的行为，便于不断调整优化。

对小组成员的工作分工，教师可以根据自己的风格和喜好进行规划。总体原则是：第一，通过分工可以让每个幼儿都承担一定的职责，培养幼儿的责任意识；第二，通过分工可以促进幼儿进行沟通、协作，避免一两个幼儿霸占整个流程；第三，分工职责可以轮换，让每个幼儿都得到锻炼，尽量避免让某个幼儿始终负责一个职责。

此外，以上分工也是可以调整的，如果小组成员比较少，则可以适当合并一些职责；如果小组成员比较多，则可以进一步细分职责。教师还可以增加一些新的职责。

专题 四　成为资深实物编程教师

☰ 学习任务单

项目	具体内容
学习目标	1. 理解核心概念中的编程与数学概念。 2. 掌握自主设计编程任务的方法。 3. 掌握自主设计特色活动的方法。
学习重难点	学习重点：理解编程概念、数学概念。 学习难点：自主设计编程任务。
学习时数	8学时。
学习建议	亲自解决本专题每一道例题，思考其中蕴含的核心概念与核心素养。
学习运用	1. 对于生活与工作中遇到的实际问题，用计算思维或编程思维提出解决方案。 2. 分别设计一个情景互动编程和模块指令编程的比赛活动。

❝ 情境问题

经过本专题的学习，谈谈你对实物编程的理解。

学习前的观点	学习后的思考

经过前几个专题的学习，读者已经基本了解了"贝芽机器人编程游戏化课程"的设计依据和思路，日常课程和兴趣课程两种课程形态的异同点及教学方法，如果再结合一定量的教学实践与经验积累，一定能成长为一名合格的幼儿实物编程教师。

不过，仅满足于"合格"是远远不够的，那样只能照本宣科，按照课程预先给定的教学方案实施教学，教师只是被动的执行者。教师如果想在实物编程教学这个专业方向上取得更大的进步，就需要具备自主设计实物编程任务和实物编程活动的能力。这就好比一名优秀的数学老师，不仅要具备解题的能力，更要具备命题的能力。

一、解读教学大纲

在介绍实物编程任务设计方法之前，必须先深入理解"贝芽机器人编程游戏化课程"的设计依据——教学大纲。因为对教学大纲各项目标的理解，是设计实物编程任务的前提。

"贝芽机器人编程游戏化课程"有两套教学大纲，分别是日常课程的教学大纲和兴趣课程的教学大纲。两套教学大纲的共同特点为：各单元的教学目标，除了以传统的"知识、技能、情感"的方式表达外，还从核心概念和核心素养的维度进行呈现。这是因为贝芽实物编程课程注重的是人工智能启蒙教育，所以，所有教学目标的设置，必然需要围绕人工智能启蒙教育的核心概念与核心素养展开。

（一）核心概念

核心概念是指单元活动中包含的知识性目标。它与教学目标（活动目标）有所区别。教学目标（活动目标）是本次单元活动应达成的基本目标，教师应通过一定的教学策略尽力达成教学目标。核心概念是本次单元活动中蕴含的知识性目标。幼儿通过亲身操作、体验、思考，有可能获得这些知识性目标。这里之所以用"有可能"这个词，是因为在教师付出了相同的努力，教学环境和条件都一定的情况下，由于班级每个幼儿的发展程度不同，有的幼儿有可能感知、领悟到这些核心概念，有的幼儿有可能无法当场理解这些核心概念。也就是说，一次单元活动并不要求每个幼儿都获得相应的核心概念。而且，核心概念不会只出现在某一个单元，而是会在多个不同单元反复出现，幼儿虽然经过一两个单元无法获得，但在经过多个单元之后会有更大的概率逐步获得。这也是学习的常态。

此外，核心概念还有一个作用，就是提醒教师本单元蕴含的知识点，便于教师更好地理解本单元活动方案和编程任务的设计思路。

1. 编程概念

编程概念就是指幼儿实物编程方面的知识性目标。以下选择一部分重要的编程概念，阐述其认知要点，即幼儿需要理解到什么程度。不过，这些概念不是必达目标，也并非都需要幼儿理解。列出的目的，一是帮助教师理解这些比较抽象的概念，二是帮助教师

在面对部分幼儿的提问时能够深入浅出地向幼儿解释这些概念，三是帮助教师将编程概念更好地渗透到实物编程教学中。

（1）模块、指令。

①理解模块就是程序指令，实物编程的程序指令就是看得见、摸得着的模块形状的实物。

②理解模块（指令）在编程中的作用，是组成程序的最小单位。

③能够识别不同模块，了解其功能与作用（特别是模块指令编程中的左转、右转、向后转指令的精确作用）并加以运用。例如，在情景互动编程中，形似马路路面的地垫叫模块；在模块指令编程中，形似草地的地垫叫模块；标有方向箭头的小方块一般叫指令，有时候也可以叫模块。

（a）情景互动编程中的模块（部分）　　　　　　（b）模块指令编程中的模块（部分）

（c）模块指令编程中的指令也可以称为模块

图5-27　模块和指令

（2）程序、编程、序列。

①理解程序就是把一个个指令按照一定的规则排列在一起，即指令序列。

②理解情景互动编程中将模块按一定顺序拼接出的通畅道路，构成指令序列，道路就是一种实物化的程序——拼路的过程就是在编程。

③理解模块指令编程中按一定顺序贴在记录板上的指令磁贴，构成指令序列，就是一种实物化的程序——排列磁贴的过程就是在编程。

（3）bug、调试。

①知道bug就是程序中的错误，会让机器人出现故障（如提前停下，或走错路线，或掉出地垫……）。

②知道bug是可以修正的。

③知道寻找bug、修正bug的过程，叫作调试（debug）。

（4）解码、编码、程序演算。

①了解解码就是读懂程序，类似于阅读（或听讲）。

②了解编码就是编写程序，类似于写作（或说话）。

③能够读懂程序并预先计算出程序执行的结果，这就是程序演算。

（5）顺序、顺序结构。

①理解生活中顺序的概念。空间排列的顺序，时间先后的顺序，概念上的顺序（如图形从大到小，颜色从深到浅），做事的先后顺序（如必须先穿袜子后穿鞋子）。

②了解实物编程中顺序的概念。把模块按照一定的先后次序排列就是一种顺序；如果这个排列的顺序乱了，程序就不是原来的程序了。例如，情景互动编程中用起点、直行、转弯、直行、终点排列成一段畅通的路径［见图5-28（a）］，就是顺序结构；如果把上述模块的顺序打乱，变成起点、直行、直行、转弯、终点［见图5-28（b）］，就变成了不同的路径（程序）。

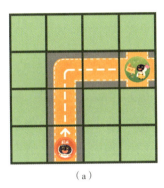
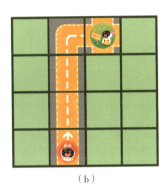

（a）　　　　　　　　　　　　（b）

图5-28　顺序结构

③了解如果程序指令按照一定的先后次序依次执行，就叫顺序结构。

④能够识别（解码）、拼搭（编码）情景互动编程与模块指令编程的顺序结构。

（6）条件、选择、条件分支结构。

①理解生活中条件、选择的概念。如果某个条件成立了，就选择做某件事；如果某个条件不成立，就选择做另一件事。例如，如果用10分钟吃完饭，就可以看电视；如果超过10分钟才吃完饭，就不能看电视。

②理解实物编程中的条件。完成某个任务需要满足条件，例如，需要收集到2枚金币，或是需要收集到3样装备，或是步数必须10步，或是必须打败女巫……只有在做到某件事情后，才算完成任务，该件事情就是条件。

③了解实物编程中的条件分支结构。如果某条件成立，就执行某指令；如果某条件不成立，就执行其他指令。

④理解原本顺序结构的程序，执行结果只有1个；变成条件分支结构后，执行结果可能会有多个。

⑤能够识别（解码）、拼搭（编码）情景互动编程与模块指令编程的条件分支结构。

（7）循环、循环结构。

①知道生活中循环的概念。例如，每天太阳都东升西降，秒针在钟面上绕圈转。

②了解实物编程中的循环结构。如果从第一个指令一直执行到最后一个指令，然后

发现又回到了第一个指令，这种程序结构叫循环结构。

③能够识别（解码）、建构（编码）情景互动编程与模块指令编程的循环结构。

（8）并列、并行。

了解模块指令编程中的并列指令的作用是使两个指令同时执行（并行）。例如，当机器人要进入鳄鱼河模块时，就需要使前进指令与无敌号铁皮船指令同时运行，在编写程序时，必须使用并列指令，将前进指令和无敌号铁皮船两个指令关联起来，这样机器人在执行程序时才会在前进的同时使用无敌号铁皮船道具。

（9）数据。

①知道生活中的数据。例如时间、重量、长度、温度……这些都是数据。

②了解实物编程中的数据。例如，机器人行走的步数，收集的装备数量，在十字路口触摸小贝的方向（为机器人输入方向数据），定义创想模块时拍的照片、录的声音等，都是数据。

（10）函数、主程序、自定义、调用、参数。

①了解实物编程中的函数是预先设置好的具有一定功能的一段程序，可以被主程序调用。例如，场景模块可以视为预先设置好功能的函数（不能修改）；创想模块可以视为可自定义的函数，它允许用户自己定义一部分函数的数据（如声音、画面、动作），从而改变函数的输出（机器人的动作与表现）。当机器人走到场景模块或创想模块上时，会调用对应的函数，做出相应的动作、说话和显示画面。

②了解实物编程中的参数是一种可变化的数据，输入程序中使程序产生变化。例如，在情景互动编程中，当机器人走到十字路口模块时，会停下来等待用户输入参数（方向数据），用户通过触摸的方式输入参数，程序会继续执行，并且产生相应的变化（向某个方向行走）。

（11）解决方案、多种解决方案、最优解决方案。

①了解解决方案。例如，钥匙就是解决开门这个问题的解决方案，旅游攻略、购物清单、刷牙步骤、炒菜流程……都属于解决方案。实物编程中的解决方案就是针对某个问题想出的用程序能够解决的方法（可以和程序画上等号）。

②了解多种解决方案。例如，去幼儿园有多条路线，春游有多个目的地，有好几种方法可以帮助幼儿长高，有好几种办法可以预防感冒，等等。实物编程中多种解决方案，就是多条路径都可以到达终点，或是多段程序都可以指挥机器人完成任务。

③了解最优解决方案。例如，去幼儿园有多条路线，最短的那条就是最优解决方案。实物编程中的最优解决方案，就是在特定条件下，效率最高的那段路径或程序。所谓效率最高，可以理解为路径最短、程序指令最少、程序效率最高等。

④能够设计出多种解决方案，并对多种方案进行比较，选出最优解决方案。

（12）无效指令、无效程序。

①了解无效程序的概念，如果机器人沿着路径（程序）进入一条岔路且无法走出（表示程序出错），则这条岔路就是无效程序。如图5-29所示，任务图中紫色、黄色、红色

路线即为无效程序。组成这条岔路的模块就是无效指令。

②能够提前识别出无效程序，并指挥机器人转向，避免执行无效程序。

（13）遍历、试错、回溯。

①了解以下概念。遵循一个规则尝试所有的可能性，在编程上叫作"遍历"；从尝试出的可能性中发现存在无效程序或bug，叫作"试错"；排除掉无效程序，回到前一个正确的节点继续尝试，叫作"回溯"。

②能够运用遍历的思路来解决问题。

举例说明。如图5-30所示，该编程任务是只能使用转弯模块来拼接路径，将小贝从起点送到终点，能拼出多少条不同的路径？

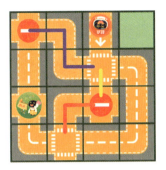

图5-29　无效程序

为了找到所有路径且不遗漏，最好的方法是从起点开始，一个模块一个模块往下拼，每一次拼接，理论上都存在两个分支［见图5-31（a）］，排除掉不可能的那一个分支（试错），回到上一个正确的模块（回溯），尝试另一个分支，如果该分支是有可能正确的，就继续拼接，又会出现两个分支［见图5-31（b）］……继续上述操作，直到所有正确的路径被找到为止（遍历）。经过遍历，一共可以拼出3条不同的路径［见图5-31（c）］。

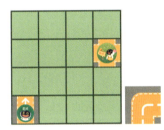

图5-30　编程任务

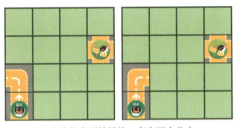

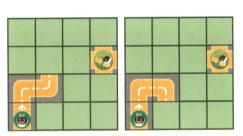

（a）从起点开始拼接，存在两个分支　　　　　　（b）继续拼接出两个分支

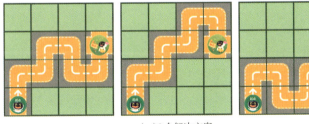

（c）3个解决方案

图5-31　运用遍历思路解决问题

（14）算法、算法流程图。

①了解算法就是解决问题的逻辑、流程和步骤。

②了解算法流程图就是将算法用流程图的形式表示出来。

③能够读懂算法流程图。

2. 数学概念

数学概念，是指幼儿在学习实物编程时会接触到的数学方面的知识性目标。以下选择一部分重要的数学概念，阐述其认知要点，即幼儿需要理解到什么程度，以便教师将数学概念更好地渗透到实物编程教学中。

（1）图形、图形对应、图形变换、图形组合。"形"是数学系统中的两大概念系统之一（另一大概念系统是"数"）。幼儿对图形的感知和辨认，是通过视觉、触觉，并辅助语言表达等多种感官的协同参与来实现的。贝芽实物编程将指令图形化、实物化，十分吻合幼儿对图形的认知模式。

①能识别出不同的图形，特别是区分编程模块上的图形，并能进行分类。

②能做到图形对应：能对照编程任务图，将编程模块一一对应地、正确地摆放在棋盘下垫上。

③能够进行图形变换。图形变换包括图形位移（把模块向不同方位移动）和图形旋转（把模块进行90度、180度、270度的旋转），以及任务地图整体的平移、旋转，棋盘下垫也可拼接组合成不同尺寸与形状。特别是，应该能注意到路径模块经过旋转，会导致路口朝向的变化。

④能意识到不同的模块（图形）通过拼接可以形成图形组合，能拼接出不同的图形组合；当把不同的编程模块拼接在一起时，能意识到相同模块按照不同的拼接顺序，会产生不同的图形组合（见图5-32）。

（2）分类。分类是贯穿儿童思维发展过程的核心能力。

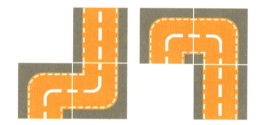

图5-32　模块拼接产生不同的图形组合

①能将一组事物（如编程模块、指令磁贴）按照特定的标准（如按路口的数量，或按指令磁贴的颜色，或按在任务图中的方位，或按模块/指令的功能）加以区分并进行归类。

②能在分类之后说出各个类别之间的联系与区别。

（3）一一对应，数、计数、数感、量的比较。"数"是数学系统中的两大概念系统之一（另一大概念系统是"形"）。计数又叫"数数"，这一能力建立在一一对应的基础上。幼儿首先应能通过口说数字、手点实物的方式，在数字和要数的对象之间建立起一一对应的关系（如一颗糖、两颗糖、三颗糖……），这样才能理解计数。而计数是幼儿数概念形成和发展的重要基础。数感则是指在瞬间对数量变化的辨识能力，也就是对数或数量的直觉。而量的比较则是幼儿日常经常涉及的认知活动。

幼儿的数学认知是非常具体的，皮亚杰认为，"在数学教育中，必须强调行动的角色，特别是幼儿，操作实物对了解算术是必不可少的"。贝芽实物编程将程序指令实物化的设计，使幼儿能在真实情境中发展计数能力。

①能做到一一对应，并发展到计数。能够手口一致地点数编程模块的数量，或一边在编程模块上行走一边点数步数（走一步数一步）。肢体动作：能逐步从用手脚等肢体接触实物模块，到指点模块、格子，再到用眼代替肢体点数。语言动作：能逐步从大声说出数词，到小声说出数词，再到默数。

②能建立起数感。能在短时间内比较出两条乃至多条路径的长短，而且不论路径是直线型的，还是折线型的。能在短时间内从多条路径中选出最短或最长的路径。能在短时间内比较出两段模块指令编程程序所用指令数量的多少。

③能进行量的比较。能通过一定方法，比较编程模块的数量多少、棋盘下垫面积的大小、机器人行走的快慢等，并且能用语言描述出来。

（4）数的分解与合成、数运算、次数。数的分解与合成，是数运算的基础。次数是对一一对应的计数的抽象，它让数脱离了一一对应的实物。例如，小贝机器人最后统计的收集金币数量，是按经过金币模块的次数进行累加的。机器人走到终点时宣称收集到两枚金币，有可能是机器人经过了两个不同的金币模块，也有可能是机器人两次经过了同一个金币模块。

①能够对10以内数进行合成与分解，并将该能力运用到金币收集等编程任务中。

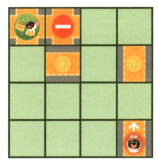

②理解次数的概念，并通过编程的方式，实现次数的累加。

例如，机器人需要收集到5枚金币，但任务地图（见图5-33）中只有2个金币模块，如何帮机器人完成任务呢？

这项编程任务有多种解决方案，以下列出可能的两种（见图5-34）。

图5-33 任务地图

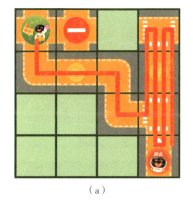

（a）

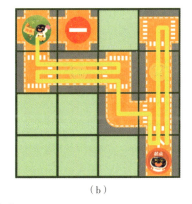

（b）

图5-34 解决方案

图5-34（a）中的红色路线，是让小贝先经过一枚金币4次，再经过另一枚金币1次，从而凑齐5次。图5-34（b）中的黄色路线，是让小贝先经过一枚金币2次，再经过另一枚金币3次，从而凑齐5次。在这项编程任务的思考解决过程中，可以看到数的分解与

合成的影子（5枚金币可以分为4枚金币和1枚金币，还可以分为2枚金币和3枚金币），以及对次数的运用。

（5）空间方位、以自身为中心、以客体为中心。空间方位，是指对物体的相互位置关系的认识。儿童早期空间感的发展能为其后续的进一步学习奠定良好的基础。

在观察和判断空间方位时，有两种参照系，一是以自己身体为参照（以自身为中心），二是以客体为参照（以客体为中心）。

①低龄幼儿能以自身为中心（或站在与机器人相同的视角），判断机器人行走的方向，并能通过触摸机器人本体，为机器人提供正确的转向指令，并用语言表达出来。

②大龄幼儿能以客体为中心（第三方视角），判断机器人行走的方向，并为机器人编写程序。

（6）算法与图形相结合。数学中有数形结合的思想。在实物编程中，由于程序指令用图形化实物表示，实物编程中也有算法与图形相结合的思想。

在情景互动编程中，算法（程序）与图形（路径）的结合非常紧密，几乎就是一枚硬币的两面，因此无须特别强调算法与图形相结合的思想。不过在模块指令编程中，程序（算法）有自己的表达形式（通过指令磁贴的摆放拼贴），相对抽象，只有程序执行的结果才会呈现出图形的特征（路线）；加上部分幼儿空间方位感的发展程度不高，特别是以客体为中心的能力尚未建立，因此，产生了编程的困难。算法与图形相结合的思想就是为解决这一问题产生的。

算法与图形相结合，简单来说，就是机器人行走的路线有多少条线段，决定了对应程序有多少个方向指令（方向指令包含4个：前进、左转、右转、向后转）。图5-36（a）中的3条路线，对应的程序均显示在图5-36（b）。不难看出，机器人行走路线越曲折（例如，紫色路线比红色路线曲折，红色路线比蓝色路线曲折），对应的程序越长（使用的方向指令数量越多）。

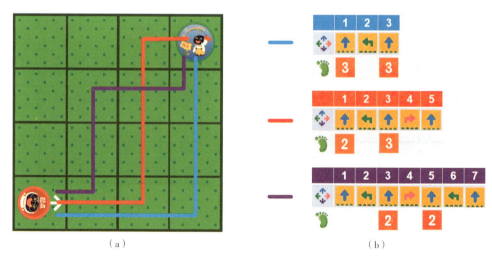

（a）　　　　　　　　　　　　　　　　（b）

图5-36　任务图及对应程序

图形与算法的内在联系在于，路线中的线段（就是直直的那一段）是由前进指令控制的，有多少条直直的线段，程序中就需要有多少个前进指令（当然前提是前进指令要搭配参数使用）；路线中的转折（就是尖尖的角）是由转向指令（左转／右转／向后转）控制的，有多少个转折，程序中就需要有多少个转向指令。所以，我们在模块指令编程时，一旦机器人行走的路线确定下来了，我们就可以通过观察路线的形状（有几条线段，有几个转折），快速推断出对应程序一定有多少个方向指令，而不需要真的去把程序编写出来再去点数指令数量。例如，图5-36中的紫色路线，有4条线段，3个转折，那么它对应的程序一定是由7个转向指令构成的。

有了这个思想方法，我们只需要观察和比较路线的形状，就能判断哪一种解决方案是最优的。

（二）核心素养

"贝芽机器人编程游戏化课程"借鉴《中国学生发展核心素养》，提出幼儿人工智能启蒙教育应培养的一系列核心素养，包括一套思维方法和一系列学习品质。

1. 思维方法

贝芽实物编程课程培养幼儿的思维方法，以"计算思维"为主，吸收其他一些思维方法构成。计算思维又称"编程思维"，在本书中不做特别区分，允许混用，表达的是相同的含义。

（1）编程的基本思维方法——计算思维。

每个人都有自己的一套处事原则，或称作"处事的思维模式"。当遇到问题时，我们就会运用这种处事原则、思维模式思考问题、处理问题。编程也遵循一种基本的思维模式，叫作"计算思维"。

有一个笑话：一天，一个程序员觉得他受够了编程，于是跑到消防队去报名当消防员。消防队长说："你得先通过测试。"消防队长把程序员带到一条小巷，巷子里有一堆货物、一只消火栓和一卷水管。消防队长问："如果货物起火，你怎么办？"程序员回答："我把水管接到消火栓上，打开水龙头，把火浇灭。"消防队长很满意地说："完全正确！那如果那堆货物没有起火，你怎么办？"程序员不假思索地说："我就把货物点着。"消防队长大叫起来："什么？太可怕了！你为什么要把货物点着？"程序员说："这样我就把问题简化为一个我已经解决过的问题了。"

这虽然是个笑话，但蕴含了一个很有用的道理——当我们遇到不知如何解决的问题时，可以先把这个问题转化为你能够解决的问题。当然，不能学笑话里面那个程序员，因为他是用一种僵化的、教条的方法来转化的。

这种转化的思路在解数学题时会经常用到，例如，我们要把未知转化为已知，把不熟悉的条件转化为熟悉的条件。

①计算思维的构成。我们如果想让计算机帮我们解决问题，就要先把问题转化为计算机能理解、能解决的问题。计算机科学家经过研究，总结出了一套问题转化的思路和

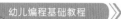
方法，这就是"计算思维"（computational thinking）。

计算思维并不是只有一个思维，它包含了四种核心思维。

第一，分解问题（decomposing），即把复杂的问题分解成若干个更小、更简单的问题。例如，学生会要筹备一台新年晚会，可以将其分解成一个个逻辑清晰的小目标，分配给大家共同完成，某人负责节目策划，某人负责舞台，某人负责服装，某人负责拉赞助，等等。

第二，模式识别（pattern recognition），即找出问题之间的相同点，或者问题与过往经验之间的联系。在计算思维中，问题之间的相同点和相似之处，被称为"模式"。在解决问题的过程中，找到模式是非常重要的，因为这意味着你可以用相同的方法解决具有相同模式的问题，如程序员灭火那个故事。

第三，抽象化（abstraction），即从众多问题中识别出重要信息与特征，忽略不相关的细节，探寻这些问题背后的一般规律，把看似不同的问题，抽象为一类问题。例如，学生要对树进行研究。所有的树有什么共同点？它们都有一个树干，有根，有树枝，有叶子。虽然树的种类很多，但这些构造存在于所有树中。

第四，算法设计（algorithms），即根据相关联的经验及问题背后的规律，设计出解决各个问题的不同方法和最优步骤。例如，穿衣服时，我们要先穿内衣再穿外套，先穿袜子再穿鞋。这就是穿衣服这个问题的算法，也就是执行步骤，如果步骤弄错了，就要闹笑话了。

②计算思维的运用案例。假设：你需要为一个4口之家做一餐晚饭，要求有汤、有素菜、有荤菜，你应该怎么做？这个日常的生活问题，如何用"计算思维"来解决呢？

第一，分解问题——分析确定要做什么菜。要有肉、素、汤，列举要做哪些具体的菜，比如，做鸡汤、西红柿炒鸡蛋、爆炒羊肉、白灼菜心等几个菜，这些菜需要购买什么食材。

第二，模式识别——明确几道菜的做法和规律。羊肉要爆炒，出锅很快；白灼菜心也是快手菜；鸡汤需要时间，小火慢炖；西红柿炒鸡蛋需要事先打好鸡蛋，时间适中。它们大多需要油、盐、葱等佐料。

第三，抽象化——为了避免菜凉，几道菜都要差不多时间出锅。所以，需要将菜品制作按时间排序，抽象为排序问题。

第四，算法设计——列明制作菜品的一些细节，化为清晰明确的流程并执行：切鸡肉、姜—炖鸡汤—切蒜、葱、羊肉腌制—打鸡蛋、切西红柿、洗菜心等。

准备家庭晚餐的日常问题，用计算思维就这样解决了。

③计算思维的本质。计算思维本质上反映的是问题的解决过程。只要具备了这四种思维方法，人们就能为问题找到解决的方案，如果以程序的形式表现出来，则可以在计算机上执行；如果以流程或规章制度的形式表现出来，则可以由人遵照执行，变成一种管理方案。

"计算思维"的提出者卡内基·梅隆大学的周以真教授曾说："计算思维并不是科学

家专属，每个人都应该具备计算思维。它不仅仅是一门学科，更是一种思考问题、解决问题的方式。大到谋事布局，小到吃饭穿衣都需要运用到计算思维。"也就是说，计算思维是一种建立在计算机科学概念基础上的思维方式，但它不局限于计算机。说到底计算机只是一种工具，这种工具的伟大之处在于它促使人们借此发展了思考问题的方式。想想历史上人类发明或征服的伟大的工具，都对人类文明做出了巨大贡献，但是似乎没有哪一种工具有被命名为一种思维的殊荣。例如石器、蒸汽机、炸药，都是划时代的工具，但我们从来没有听说过什么"石头思维""蒸汽机思维""炸药思维"。到目前为止，我们能听到的只有"计算思维"。这说明，人类发明了计算机，但反过来计算机又对人类思维产生了巨大的影响。

（2）十大编程思维。

研究者在计算思维的四个核心思维基础上，进一步归纳拓展为十大编程思维，都是编程时会用到的思维方法。

①分解思维。分解思维相当于前面介绍的"分解问题"。把复杂的问题，分解成一个个相对比较容易解决的小问题，只要把小问题逐一解决了，复杂的问题也就解决了。

例如，我们要做一个汉堡包，就需要对汉堡包进行分解，就能发现汉堡包的原料和制作步骤。学会分解的方法，可以帮助我们发现事物的真相。

只有学会将任务分解成一个个可执行的步骤，才能为机器人编写出正确的程序。

②抽象思维。抽象思维相当于前面介绍的"抽象化"。每件事物都有自己的主要特征，如果不能找出重点，就无法解决问题。寻找事物主要特征的思维方法就是抽象思维。

抽象思维就像"过滤器"，只要把不重要的细节忽略掉，就可以发现事物最主要的特征，使目标更清晰明确。抽象思维可以让我们快速发现问题的关键，还可以从不同事物的特征中发现它们的共同点。

例如，在进行垃圾分类时，我们要通过抽象思维，将各种物品的特征抽象出来，还要找到特征之间的共同点，这样才能做好垃圾分类。

③顺序思维。我们无法完成一个任务的所有步骤，机器人也一样。我们需要把任务中的步骤，按照顺序，有条理地排列起来，告诉机器人先做什么，后做什么，它们才能准确地执行，这就是顺序思维。顺序思维可以让我们做事更有条理，并提高解决问题的效率。顺序思维来自编程算法中的顺序结构。

关于顺序常见的错误有次序混乱、遗漏步骤、指令不准确。

例如，整理餐桌，必须先将桌布铺好，再摆放餐具。顺序不能颠倒。我们把这个步骤用算法流程图表示［见图5-37（a）］。

又如，在滑雪前，必须戴好头盔、护目镜、手套，拿好滑雪杖，穿好滑雪板。这些步骤不能遗漏，否则会发生危险。准备滑雪的流程见图5-37（b）。再如，组装电视，每个零件必须安装在正确的位置上，如果安装错了，电视就不能用。机器人总是按照指令的步骤执行程序，只有条理清晰、顺序合理，才能避免编程出错。

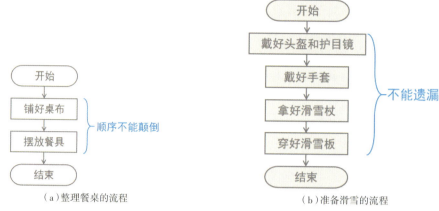

（a）整理餐桌的流程　　　　　　　　（b）准备滑雪的流程

图5-37　算法流程图

④规律思维。规律思维相当于前面介绍的"模式识别"，就是从事物中辨别出某种联系的能力。这种联系，可能是某种相同的特征，或重复出现的现象。规律是一种非常有趣的现象，它总是在重复相同的顺序。你在生活中发现过哪些有规律的现象呢？善于发现规律，可以帮助我们找到快速解决问题的方法。

例如，你能看出图5-38中机器人的规律吗？请你推测出，最下层的四格中分别是什么机器人？对了，它们分别是……

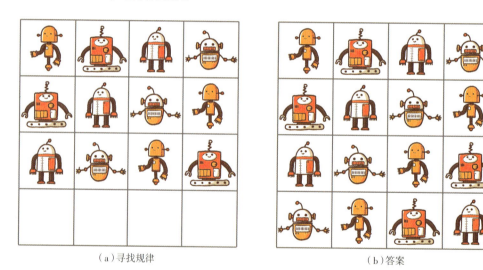

（a）寻找规律　　　　　　　　　　　（b）答案

图5-38　规律思维图示

经验也可以看作规律。当我们遇到一个问题时，首先可以思考以前是否解决过类似的问题，从以往的经验中找到解决问题的方法。用规律思维编写程序，当机器人遇到相同的任务时，就可以自己完成。

⑤循环思维。当我们发现规律以后，就可以把规律设计成一种循环，让机器人按照循环的指令，一遍又一遍地重复我们需要它做的事情。机器人可以反复做同一件事，不会累也不会感到无聊，这是人类无法做到的。循环思维来自编程算法中的循环结构。

例如，我们要让机器人爬楼梯。我们的程序只有一个指令，就是"爬1级台阶"，那么机器人就只会爬一级台阶后停下来。这样，我们就要不断地告诉机器人"爬1级台阶"，如果有20级台阶，就要下达20次指令。就像图5-39（a）表示的那样，是用顺序结构表示的算法。但这样做机器人的效率会很低，而且会占用我们的时间。这时，我们可以将"爬1级台阶"设置成循环，如图5-39（b）所示。不过，大家可以想象一下，如果没有设置一个停止循环的条件，循环就会一直进行下去，这就是无限循环。爬楼梯的机器人，就会一直向上爬直到没有台阶，撞到墙，或是掉下楼去。所以，如果要让循环真正帮我们解决问题，还需要给循环加上停止的条件，当符合条件时，让机器人自动停止循环。我们可以把流程改为：循环"爬1级台阶"直到"没有台阶"。图5-39（c）采用"直到型循环结构"表示了这一过程。每爬1级台阶，程序就判断"是否还有台阶"，如果判断"是"（还有台阶），则继续执行"爬1级台阶"的指令；如果判断"否"（没有台阶了），则"结束程序"，不再爬楼梯。

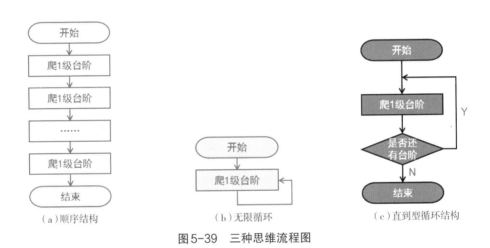

（a）顺序结构　　　　　　　　（b）无限循环　　　　　　　　（c）直到型循环结构

图5-39　三种思维流程图

循环思维可以帮助我们节省大量时间，是一种规律的重复，不仅可以重复一件事，也可以重复一系列事情。例如，小学生一天的日程安排就可以看作循环，日复一日地运作。

⑥条件思维。如前所述，要从循环中跳出，我们需要设置一个条件。我们把遇到的情况叫作"条件"，根据条件做出的决定叫作"选择"。当条件发生变化时，选择也要做出相应的调整，不同的选择会导致不同的结果。这就是条件思维，来自编程算法中的条件分支结构（也叫"选择结构"）。机器人总是按照指令完成任务，所以我们在发出指令前要仔细思考，机器人会遇到什么情况、要做出什么样的选择才不会出错。

例如，在图5-40（a）中，我们要想让机器人去拿到这个苹果，就要全面地考察一下，在路上可能会遇到哪些情况，以及遇到某种情况时，机器人该如何应变，才能顺利到达。按照这个任务地图，我们预测机器人一定会遇到一个十字路口，这个路口有个红绿灯，我们要提前告诉机器人"红灯停、绿灯行"这个判断方法，并且要告诉它，过了十字路口后应该往哪个方向走。图5-40（b）的算法流程，表现了机器人从出发到终点的完整

步骤，以及在十字路口的判断过程。

（a）

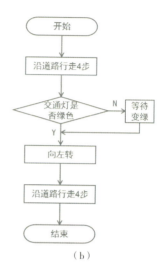

（b）

图5-40　条件思维任务图及流程图

所以，我们在编程时，需要事先想到可能遇到的情况，提前设置好判断条件，才能让机器人做出正确的选择。

⑦函数思维。人类学习每种技能都需要从头学起，但机器人有"偷懒"的方法，这种方法在程序的世界里称为"函数"。在数学中，函数的定义是：在一个变化过程中，假设有两个变量 x、y，如果对于任意一个 x 都有唯一确定的一个 y 和它对应，那么就称 y 是 x 的函数。我们把函数写作：$y=f(x)$。其中，x 是自变量，y 是因变量，f 就是对应关系或对应法则。

计算机编程借鉴了数学的函数概念。计算机函数，是指一段可以直接被另一段程序引用的程序段，也称为"子程序"。引用子程序的程序，就叫作"主程序"。函数可以实现某种特定的运算功能（类似数学函数的对应法则 f）。计算机函数还带有一个入口和一个出口。所谓的入口，就是函数所带的各个参数（类似数学函数的自变量 x），我们可以通过这个入口，把参数值代入函数，供计算机处理；所谓出口，就是指计算机经过处理后得到的函数值（类似数学函数的因变量 y），在计算机求得函数值之后，由出口将函数值带回给调用它的主程序。

函数就相当于你只要输入一个数据，过一会儿就会自动得到一个结果。你不用去管是如何算出来的。我们进一步引申一下这个概念：如果之前已经有人编好了一段能实现某种功能的函数，那么其他人在编程时，就可以直接调用，十分省事。

当机器人A要处理某个任务时，发现不会。没关系，如果之前有另一个机器人B完成过相同的任务，并且把工作步骤打包成了函数分享了出来，机器人A就可以直接调用这个函数，而不用从头学起。

我们可以把函数理解成某种方法，在解决问题的时候，可以运用自己过去总结的方法，也可以使用别人总结出来的方法。这种解决问题的思维，就叫作"函数思维"。

例如，在影片《黑客帝国》里，尼奥要和对手比武，于是输入了武术的方法，就立马学会了武术。从编程的角度来看，尼奥本身就是程序，这个武术的方法就是一种函数，当程序需要处理比武的任务时，只需要调用武术的函数就可以了。

又如，如何让机器人既会炒菜，又会做蛋糕呢？好在我们的大牛程序员之前已经编好了炒菜函数和做蛋糕函数。我们的机器人只需要调用这两个函数，就马上学会了。

用调取函数的方法，可以快速解决问题。不过，选择正确的函数也很重要，如果选错了函数，就会影响结果。

⑧变量思维。调用"函数"能马上解决问题，不过总是采用过去的方法，得到的结果也都是一样的。如果使用了函数又想得到不同的结果，那么该怎么办呢？在介绍函数思维的时候我们已经了解到，我们可以在函数中加入一种数据，让结果发生变化，这种数据叫作"变量"，也叫"参数"。

例如，制作冰激凌的步骤都是一样的，我们就可以把制作步骤封装成函数来调用。但每次制作出来的口味都是一样的，容易吃腻。如何制作出不同口味的冰激凌呢？可以将不同口味的配料设置成变量，这样只需要调整变量，制作出来的冰激凌口味就会不同。于是，我们得到了一个制作冰激凌的函数，其他步骤都不变，这次只需要加入抹茶配料，就可以得到抹茶口味的冰激凌；下一次只需要加入香草配料，就可以得到香草口味的冰激凌。

同理，我们在过去的方法中加入适当的变量，就可以得到不同的结果。变量思维可以让你更有创造力。

⑨算法思维。算法思维相当于前面介绍的"算法设计"。算法就像是为机器人制订的一份完成任务的"计划"。制订计划听起来很容易，但一份好的计划需要把可能遇到的情况和解决问题的方法都提前想好，如果有一个疏忽的地方，机器人就可能无法完成任务，因为它们不会自己想办法。

完成一项任务可以制订多种计划，给机器人提供的选择越多，机器人就会越"聪明"。其实，我们解决任何问题，都需要制订具体的执行计划。制订计划是一门思考的艺术，不但需要具备对未来的远见，全面而缜密的安排，精心的设计，还需有想象力和创造力。

未来世界是算法的时代，学习用算法思维解决问题，锻炼自己制订计划的能力，将会帮助我们找到更高效和更有创造力的方法。

⑩调试思维。每个人都会犯错，机器人在执行命令的时候也会出错，查找程序中隐藏的错误需要具有调试思维。人们把程序里出现的错误叫作bug，bug是臭虫的意思，所以调试工作也被称为"抓虫"（debug）。

怎样才能减少犯错呢？机器人是按照程序的指令一步一步执行，把每一条指令都编写正确，并且确保指令的排列顺序（算法）是正确的，才是避免错误的最好方法。当程序出现错误的时候，应该按照步骤一步一步地检查，在做下一步之前，确保上一步是正确的。

其实，调试思维还包含一种品质，就是如何看待错误。错误并不可怕，任何人都会犯错，遇到错误不要逃避，要勇敢地直面错误，纠正错误。

所以，程序员在把程序正式上线前，都会进行大量测试，就是为了让错误尽可能多地暴露出来，这样才能最终消除错误。

十大编程思维，是在四种计算思维的基础上演化、拓展而来的。计算思维或编程思维，都是从计算机编程的研究中脱胎而来的，它们不仅可以用于计算机编程，也可以用于解决更广泛的问题。

（3）全局思维。

全局思维就是关注全局，全盘考虑各个部分的关系，不拘泥于细节和局部，不追求每个部分都必须最优，而是算总账，追求整体利益最大化或整体效率最优。与围棋的大局观比较接近。

落实到幼儿层面，全局思维的要求不高，一般体现在，演算程序执行结果时，能往前（往后）多算几步，让自己能看到bug或无效程序；或是在规划路径时，能预想到未来会发生的路径交叉，而提前摆放十字路口；或是在设计两条或多条存在关联的路径时，能兼顾其他路径的畅通；或是在设计最短程序时，能看出局部虽然占用较多指令，但整体比其他方案节省指令；等等。

（4）发散思维。

发散思维是指思维的灵活性，善于从不同角度、不同维度去思考事物本质或事物间的关系，是衡量创造力的主要指标之一。发散思维往往表现为"一题多解""多种解决方案"，这在贝芽实物编程课程的许多单元活动中均有体现。

逆向思维是发散思维的一种，就是当大家都朝着一个固定的思维方向思考问题时，你却朝相反的方向思索。例如，正常的思维是从已知推未知，逆向思维却从结论往回推；正常的思维是从起点往终点拼接路径，逆向思维却从终点往起点拼接；正常的思维是按部就班，把每条路线的程序都编写出来，然后比较选出最优，逆向思维却使用算法与图形相结合的方法直接选出最优方案……

（5）元认知（反思能力）。

元认知就是对认知的认知，对思考的思考，也就是自我（主体）对自己认知活动的自我意识、自我监控和自我调节，也称为"反思能力"。

一般来说，幼儿从四五岁开始发展元认知，逐步能有意识地控制自己的思维和策略。在这一阶段通过较高频度的实物编程游戏活动，将对幼儿元认知的发展给予更有效的刺激。幼儿发展元认知，体现在能复述自己编程操作的过程，描述自己的思路，反思失败的原因，给出更正或优化的建议。

元认知的发展对于幼儿对错误的态度也会发生积极影响。具备元认知的幼儿，能产生较为积极的对待错误的态度，愿意尝试，出现错误也不气馁，并愿意改进优化。

2. 学习品质

学习品质是指学生参与学习过程的身心状态或精神面貌，包括学习能力、学习习惯、学习态度等。《3～6岁儿童学习与发展指南》在说明中指出："幼儿在活动过程中表现出的积极态度和良好行为倾向是终身学习与发展所必需的宝贵品质。要充分尊重和保护幼儿的好奇心和学习兴趣，帮助幼儿逐步养成积极主动、认真专注、不怕困难、敢于探究和尝试、乐于想象和创造等良好学习品质。忽视幼儿学习品质培养，单纯追求知识技能学习的做法是短视而有害的。"

"贝芽机器人编程游戏化课程"认为，不能片面追求知识技能的学习，而是要重视学习品质的涵养。因此，不论是日常课程还是兴趣课程，都力求精心设计每一次教学活动，对提升幼儿的学习品质给予有力的支持。

（1）注意力。

注意力也叫专注力，是心理活动对一定对象的指向和集中，是构成智力的一个重要因素。贝芽实物编程课程由于采用机器人参与教学活动，新颖的形式、生动的内容、富有挑战性的游戏任务，都会吸引幼儿的注意力，有助于保持幼儿注意力的持续性。

（2）观察力。

观察力也是构成智力的重要因素之一。贝芽实物编程课程提供了大量不同难度的编程任务，为了解决问题、完成任务，幼儿首先需要学会观察：观察任务地图的尺寸大小，观察编程模块的摆放位置与方向，观察编程模块相互之间的关系，等等。通过经常的编程游戏，让幼儿的观察更具目的性、条理性、敏锐性、准确性。

（3）想象力。

想象力是在大脑中描绘"图景"的能力，是构成智力的重要因素之一。贝芽实物编程课程在教学时运用机器人、编程道具等营造游戏场景，在跳跳镇有小贝的家、游乐场、动物园……有小贝的好朋友"爱心小天使""文明小标兵"……；在童话世界里可以角色扮演，化身探险家去寻找宝藏，变身英雄去拯救世界，扮演补丁姑娘去梦想城堡参加舞会……路上还会遇到鳄鱼河、千年树妖、九尾猫等千难万险，这些都可以引发幼儿丰富的联想与想象。不仅如此，贝芽实物编程课程还提供创编工具，让幼儿可以自己编写冒险故事，定义角色动作和语言，让幼儿把想象力展现出来。

（4）秩序感、条理性。

秩序感、条理性是指幼儿对秩序和条理的敏感。如果在应该重视秩序感和条理性的时期忽略了这一点，就会影响幼儿的正常发展。贝芽实物编程课程是以实物化编程为基础开发的，讲究逻辑性，天然就具有很强的秩序感和条理性。当幼儿沉浸在编程游戏中时，按照一定的顺序，逐一拼接编程模块，最后形成一条从起点到终点的畅通的路径，这样幼儿在操作过程中感受到的秩序感、建立起的条理性是非常强烈的。

（5）独立性。

独立性，是指不依赖他人，独立处理事情，伴随着勇敢、自信、认真、专注、责任

感和不怕困难的精神。贝芽实物编程课程采用项目式教学策略，引导幼儿熟悉科学探究方法，培养幼儿独立思考的习惯，鼓励幼儿发表见解的勇气，激发幼儿挑战难题的自信，逐步完善核心概念和核心素养的建构。

（6）主动性。

幼儿学习的主动性表现在：有强烈的好奇心和探究欲望，对周围环境事物的刺激能产生积极反应，爱思考、爱提问，在活动中能坚持不懈。

贝芽实物编程课程为保护和促进幼儿的学习主动性创造了良好条件。一是即时反馈。实物编程模式提供了所见即所得的编程体验，一旦有错能马上被自己发现，即时调整修正；机器人与幼儿即时互动，幼儿在编写程序后马上就能看到机器人的执行过程与效果。即时反馈让幼儿能通过外部评价快速调整自身认知策略，产生"我的行为正在导向成功"的信号。二是目标略具挑战性。贝芽实物编程课程将核心概念分解到三年教学中，知识难度的上升梯度适中，编程任务都精心设计，让幼儿在每次活动中处于"跳一跳够得着"的状态，挑战成功体验到的成就感是最大的。主要是做到这两点，让幼儿保持持久的学习内驱力和主动性。

（7）抗挫折能力（不怕困难）。

不怕困难是一种学习品质，它表现为遭遇困难时的积极心态和从挫折中较快恢复的能力。玩编程游戏一定会遇到困难甚至挫折，编程思维中倡导的"调试思维"，强调正确看待错误，直面错误，鼓励不断尝试，甚至会利用错误，通过不断试错找出解决方案。尤为关键的是，贝芽实物编程课程提供了直观的发现错误、修正错误的方法，把犯错的代价降到最低（让幼儿不害怕犯错），把修正错误的成就感放到最大（让幼儿追求成功），为培养幼儿的抗挫折能力，培养幼儿不怕困难的学习品质提供了保障。

二、如何设计编程任务

（一）编码类任务

1. 情景互动编程

（1）路径程序设计。

由于情景互动编程的编程方式是用实物模块拼接成路径，因此，"路径设计""规划路径""拼接路径""拼接路径程序"这些概念可以混用，表达的都是"编程"的意思。

本类型任务是最基础的一类，任务的目标是从起点到终点设计一条畅通的路径程序。

设计编程任务的控制点主要有5个：起点数量、终点数量、起止点距离、棋盘下垫规格、起点与终点的相对位置与朝向。（注：实际命题时可将多个控制点组合考虑。其他任务类型也是如此，不再赘述）。

①起点数量：有单起点、双起点、多起点。起点越多，难度越大。

例5-1 单起点路径程序设计（见图5-41）。

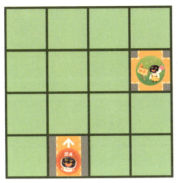

（a）单起点路径程序设计任务

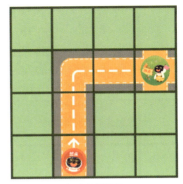

（b）参考答案

图5-41　单起点路径程序设计

例5-2　双起点路径程序设计（见图5-42）。

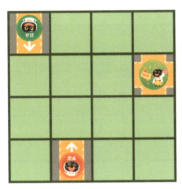

（a）双起点路径程序设计任务

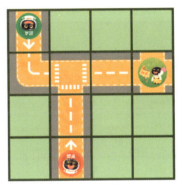

（b）参考答案

图5-42　双起点路径程序设计

例5-3　多起点路径程序设计（见图5-43）。

（a）多起点路径程序设计任务

（b）参考答案

图5-43　多起点路径程序设计

②终点数量：有单终点、双终点、多终点。终点越多，难度越大。

例5-4　单终点路径程序设计（见图5-44）。

（a）单终点路径程序设计任务

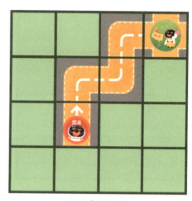

（b）参考答案

图5-44　单终点路径程序设计

例5-5　双终点路径程序设计（见图5-45）。

（a）双终点路径程序设计任务

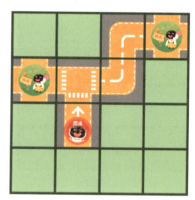

（b）参考答案

图5-45　双终点路径程序设计

例5-6　多终点路径程序设计（见图5-46）。

（a）多终点路径程序设计任务

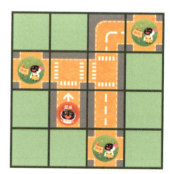

（b）参考答案

图5-46　多终点路径程序设计

③起止点距离：起点和终点距离的远近，决定了路径长度发生变化。一般来说，起止点距离越远，设计的路径越长，任务难度相对越大（见图5-47）。

（a）短距离

（b）长距离

图5-47 起止点距离设计

④棋盘下垫规格：有3×3、4×4、5×5、6×6……规格的正方形，也有不规则的形状（见图5-48）。一般来说，规格越小，难度越大，这就好比"螺蛳壳里做道场"，狭窄的空间会导致限制条件增多。例如，相同的任务，4×4棋盘下垫的难度，理论上就比5×5棋盘下垫的难度大一些。当然，这不是绝对的，而是要看具体的编程任务。

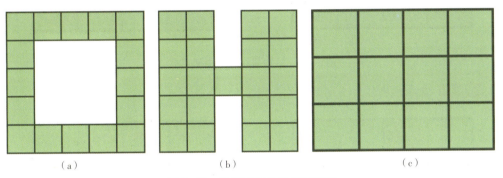

（a） （b） （c）

图5-48 棋盘下垫的不规则形状

⑤起点与终点的相对位置与朝向：主要有相对、相向、相背三种关系（见图5-49）。一般来说，三者难度：相对<相向<相背。

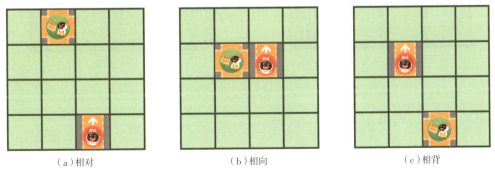

（a）相对 （b）相向 （c）相背

图5-49 起点与终点的相对位置

（2）必经中间目标路径程序设计。本类任务的目标，是从起点出发，必须经过中间设置的若干模块再到达终点。用来做中间目标的模块，可以是场景模块，如金币、安全

小卫士；或创想模块；或特定模块，如直行模块、转弯模块、十字路口模块等。

设计编程任务的控制点如下。

①必经模块的数量：中间必经的模块数量越多，难度越大。

②模块的出口数量：有四向模块（如十字路口、创想）、三向模块（如丁字路口）、双向模块（如金币、"爱心小天使"等）。一般来说，模块的出口越少，难度越大。

例5-7 二向模块作为中间目标（见图5-50）。

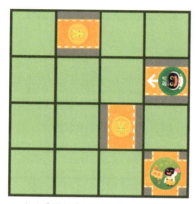

（a）采用金币（二向）作为中间目标

（b）参考答案

图5-50 二向模块作为中间目标

例5-8 四向模块作为中间目标（见图5-51）。

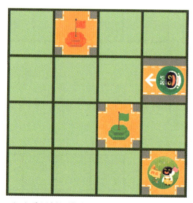

（a）采用创想模块（四向）作为中间目标

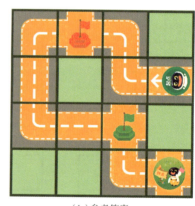

（b）参考答案

图5-51 四向模块作为中间目标

以上两个编程任务，一个用金币模块（二向）作为中间目标，另一个用创想模块（四向）作为中间目标，前者的难度明显大于后者。因为模块的出口方向越多，能拼接通路的机会就越多，所以难度就会降低。

③必经模块的顺序：可以规定是否要按一定顺序经过中间必经模块。按顺序的难度大于不按顺序的难度。

例5-9 要求按绿色、红色、蓝色的顺序经过三个模块。规划路径时会遇到路径交叉，需要使用十字路口，而且使用模块比较多，增加了一定难度。如果不需要按顺序经过三个创想模块，则可以用自己感觉最合理的顺序规划路径（见图5-52）。

（a）任务图　　　　　（b）按顺序经过绿色、红色、蓝色的方案　　　　　（c）不按顺序经过的方案

图5-52　必经模块的顺序

（3）避开障碍路径程序设计。本类任务的目标是在起点和终点之间设置障碍或障碍区域：可放置1片障碍模块（禁行模块），也可放置多片障碍模块形成障碍区域。（提示：可以将积木、玩具、纸片等任何合适的物品放在棋盘下垫上充当障碍模块。）

例5-10　小贝在内蒙古大草原旅游，正准备去蒙古族大叔家做客，没想到通往大叔家的路被一群群绵羊挡住了，只留下了一些缝隙。请你帮小贝从羊群缝隙中找出两条路，让小贝不论走哪条路都能到达大叔家。这项任务没有使用禁行模块作为障碍，而是将绵羊图案打印出来摆放在棋盘下垫上充当障碍，而且多个障碍连成了多个片区（见图5-53）。

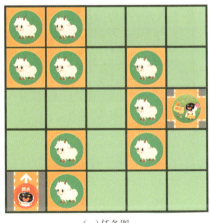
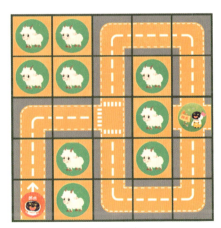

（a）任务图　　　　　　　　　　　　　（b）参考方案

图5-53　避开障碍路径程序设计

（4）规定条件路径程序设计。本类任务的目标是规定了路径程序设计的条件。设计编程任务的控制点如下。

①符合某种形状：拼好的路径必须填满某个区域（形状不定），或必须符合轴对称要求、必须符合中心对称要求、必须形成循环与回路等。

例5-11 拼好的路径必须填满某个区域（形状不定）：小贝在参观秦始皇兵马俑，为了能更仔细地欣赏，他想不重复地把博物馆的每个角落都走遍（见图5-54）。

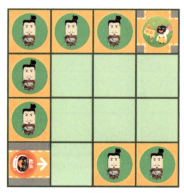

（a）任务图

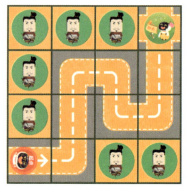

（b）参考方案

图5-54　符合某种形状的程序设计

例5-12 必须符合轴对称要求：两队卫队在操练，绿队从绿色起点出发，红队从红色起点出发，到终点集合，两队的行进路线刚好是沿黄色虚线对称的。已知绿队的行进路线，请拼接出红队的行进路线（见图5-55）。

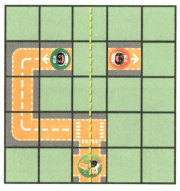

（a）任务图

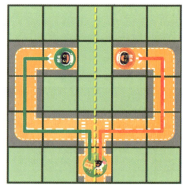

（b）参考方案

图5-55　符合轴对称要求的程序设计

②规定模块种类：规定只能用某种指定模块拼接路径。例如，要求只能用转弯模块来拼接路径。

③规定模块数量：规定只能用 n 个模块拼接路径。

④规定步数：规定机器人必须走 n 步到达终点。

例5-13 规定步数路径程序设计：要求从起点出发必须刚好7步到达终点。一般来说，我们可以很快拼出走5步的路径，但该任务要求走7步，就意味着不能直接到终点，在到达终点前要多绕2步。该任务有多种方案（见图5-56）。

（a）任务图

（b）参考方案一

（c）参考方案二

图 5-56　规定频数路径程序设计

⑤规定终点区域：划出一个区域，规定路径的终点必须落在这个区域内。

例5-14　小贝从起点出发，如果只能使用转弯模块拼接路径，并且终点要落在由三个粉色格子构成的区域中。能设计出几条路径？找出最长的那条路径。一共能设计出 4 条路径，经过对比可确定，路径四才是符合任务要求的那条（见图 5-57）。

（a）任务图

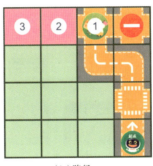
（b）路径一

（c）路径二

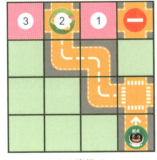
（d）路径三

（e）路径四

图 5-57　规定终点区域的程序设计

⑥规定模块的排列组合：规定只能用某些模块的组合规则（如"直行+转弯"）拼接路径，或者列出几种不同的模块组合作为备选，用这些备选项来拼成路径。

例5-15　小贝想去看日出，但上山的道路损坏了，只有工人预先组合好的一段段路径。请从中选出合适的组合路径，拼接成畅通的上山道路。这道任务就属于从备选的几种不同的模块组合中选出合适的组合并拼接成路径。这种组合路径从编程的角度可以理

解为一段程序，有点类似"函数"，或"批处理程序"的概念（见图5-58）。

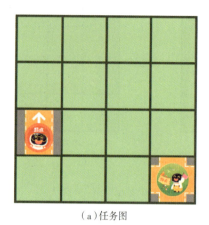

（a）任务图

（b）参考方案

图5-58　规定模块的组合路径

备选的组合路径（整个组合可以旋转）如图5-59所示。我们可以将任务图和备选组合路径都打印出来，剪好形状，去反复尝试拼接，直到找出解决方案。最后入选的选项是：D、A、B。

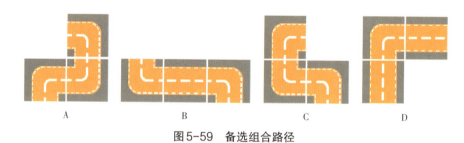

图5-59　备选组合路径

（5）多种路径程序设计。本类任务的目标是从起点到终点，寻找多条符合条件的路径（多种解决方案）。注意：本类任务要求设计的多条路径，不要求同时存在。例5-13及例5-14的第一问都属于多种路径程序设计。

（6）多向路径程序设计。本类任务的目标是运用丁字路口、十字路口等模块设计出可通往多个方向的多条路径程序。多条路径要求同时存在。

设计编程任务的控制点如下。

①起点和终点的数量：起点和终点可以是唯一的，也可以是多起点，或多终点。起点终点越多，难度越大。例5-7、例5-10都属于起点和终点都是唯一的。例5-2、例5-3、例5-5、例5-6都属于多起点或多终点。

②路径之间是否相交：当有两个以上起点时，可以要求路径相交，也可以要求路径不相交。一般来说，不相交的难度更大一些。如果只有一个起点，那么从起点出发的多向路径，一定会有至少一个相交点。

（7）最优路径程序设计。本类任务的目标，是设计出符合"最值"的程序。所谓"最值"，即要么路径最短、步数最少，要么路径最长、步数最多。例5-11本质上也是在求最长路径程序。例5-14的第二问，即属于最长路径程序设计。

例5-16　小贝要接爱心小天使一起去游乐场玩，请设计一条最短路径完成任务。本任务即为最短路径程序设计，并且有一个中间必经目标。而且符合"最短"要求的路径有2条（见图5-60）。

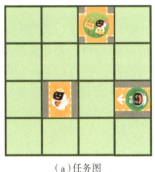
（a）任务图

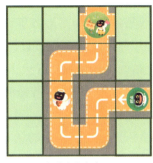
（b）参考方案一

（c）参考方案二

图5-60　最优路径程序设计

2. 模块指令编程

模块指令编程需要首先为机器人设计行走路线，其次根据路线编写程序。所以，模块指令编程的任务类型，基本上可分为"路线设计"类与"程序设计"类。当然，仅完成"路线设计"任务是不够的，接下来还要完成"程序设计"任务。

（1）路线设计。模块指令编程的路线设计类任务，如图5-61所示，与情景互动编程的路径程序设计相似，不再赘述。

设计编程任务的控制点如下。

①起止点距离。

②棋盘下垫规格。

③起点与终点的相对位置与朝向。

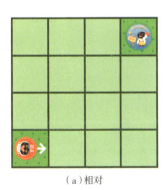
（a）相对

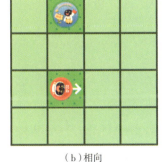
（b）相向

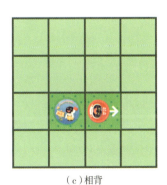
（c）相背

图5-61　起点与终点的相对位置与朝向

（2）必经中间目标路线设计。模块指令编程在路线设计时，也有必经中间目标的任务。作为中间目标的模块，或是装备模块，或是场景模块（除火山外），或是创想模块。这一类任务也与情景互动编程类似，不再展开。

设计编程任务的控制点如下。

①必经模块的数量。

②必经模块的顺序：可以规定不按顺序经过必经模块（例如，奇幻寻宝故事线要求收集指南针、藏宝图、钥匙，就没有规定按什么顺序，只要有经过就行），也可以规定必须按特定顺序经过必经模块（例如，玩梦幻舞会时，教师可以要求先收集到水晶鞋，再收集到舞裙，最后收集到南瓜车）。一般来说，按顺序的难度高于不按顺序的难度。

（3）避开障碍路线设计。本类任务的目标是在起点和终点之间设置障碍或障碍区域：可放置1片障碍模块（火山模块），也可放置多片障碍模块形成障碍区域。（提示：可以将积木、玩具、纸片等任何合适的物品放在棋盘下垫上充当障碍模块）

此外，如果事先规定了编程时禁止使用某个道具指令（如禁止使用强力粘粘弹），那么该道具指令针对的场景模块（如巨怪模块），就相当于障碍模块，可以把该模块放在任务图中充当障碍模块。

例5-17 小贝没有携带任何魔法道具（禁止使用道具指令编程），请帮它设计路线，完成奇幻寻宝任务。由于无法使用道具指令，任务图上的巨怪模块和鳄鱼河模块，就相当于障碍模块，设计路线时必须绕过。同时，这道编程任务也体现了必经中间目标路线设计，多种路线设计等任务类型（见图5-62）。

| （a）任务图 | （b）参考方案一 | （c）参考方案二 |

图5-62 避开障碍路线设计

（4）规定条件路线设计。本类任务的目标，是规定了路线设计的条件。

设计编程任务的控制点如下。

①符合某种形状：设计的路线必须符合轴对称要求、必须符合中心对称要求等。

②规定步数：规定机器人必须走n步到达终点。

例5-18 小贝必须刚好走6步到达终点。起点和终点间的最短路线是4步，但由于任务要求必须刚好走6步，在到达终点前要绕道多走2步，这样才能使路线符合任务的要求。本任务有多种解决方案，下面仅列出其中4种，如图5-63（b）～图5-63（e）所示。

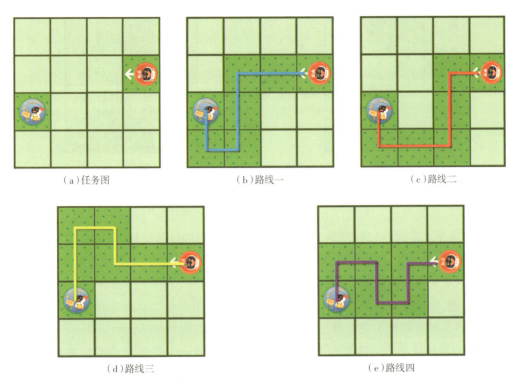

（a）任务图　　　　　　　　　（b）路线一　　　　　　　　　（c）路线二

（d）路线三　　　　　　　　　　　　　　　（e）路线四

图5-63　规定频数的路线设计

③规定草地模块数量：在拼接路径时规定草地模块的数量。

例5-19　小贝要去打败草原上的怪物，但它只有4片草地模块，请帮它规划路径，让它能经过3个怪物并到达终点［见图5-64（a）］。如果没有草地模块数量的限制，我们可以很轻松地解决该任务，如图5-64（b）所示，我们可以用6个草地模块拼接出路径，路线比较直，需要10步。

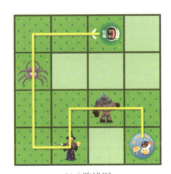

（a）任务图　　　　　　　　　　　　　　　（b）路线图

图5-64　规定草地模块数量的路线设计（一）

不过，本任务限制了草地模块的数量，其实质就是用4个草地模块，把任务图中的5个模块（起点、终点、3个怪物）连接起来。本任务有两个解决方案，通过观察可以发现，为了迁就草地模块的特殊拼法，路线变得曲折了很多，但步数仍然是10步（见图5-65）。

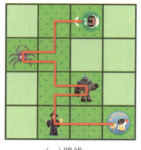

（a）路线一

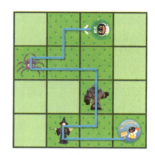

（b）路线二

图5-65　规定草地模块数量的路线设计（二）

（5）多种路线设计。本类任务的目标，是从起点到终点，寻找多条符合条件的路线（多种解决方案）。例5-17、例5-18、例5-19都属于多种路线设计。

（6）最优路线设计。本类任务的目标，是设计出符合"最值"的路线。所谓"最值"，即要么路线最短、步数最少，要么路线最长、步数最多。

例5-20　梦幻舞会就要开始了，请帮小贝设计一条路线，收集到南瓜车、水晶鞋、舞裙，并以最短的时间走完全程。这是一道规定最少步数的路线设计任务，在机器人行走速度都一致的情况下，路程最少（步数最少）的路线一定是耗时最短的路线。同时，这项任务也体现了必经中间目标路线设计，多种路线设计等任务类型。完成这项编程任务，需要设计按不同顺序经过中间目标的路线，经过对比，最终确定的最优解决方案是路线四，其他路线都不是最优解决方案（见图5-66）。

（a）任务图

（b）路线一：11步

（c）路线二：11步

（d）路线三：11步

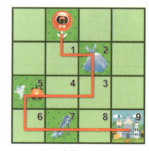

（e）路线四：9步

图5-66　最优路线设计

（7）规定条件程序设计。本类任务的目标是按照给定的条件设计程序。

具体条件如下。

①规定方向指令类型。例如，规定只允许使用前进和右转两种指令编写程序，或者禁止使用右转指令编写程序。

例5-21　小贝机器人的转向电机损坏了，不能向右转和向后转，只能前进和向左转。请为小贝设计路线、编写程序，让它能到达终点（见图5-67）。

（a）任务图　　　　　（b）路线设计　　　　　（c）程序设计

图5-67　规定方向指令类型程序设计

②规定指令组合。指令组合就是把几个指令组合在一起使用。例如，规定只能用"前进+前进+右转+前进"的指令组合拼接路径。指令组合可以理解为一小段可以被随时调用的程序，也就是函数。指令组合也可以构成循环体，因此在教授循环结构前往往需要单独介绍一下指令组合。

例5-22　工程师给了小贝一段指令组合，是"前进+前进+右转+前进"，请帮助小贝规划一条到达终点的路径。

可以看到，如果用路线表示指令组合"前进+前进+右转+前进"，就是图5-68中的红色线段，全程刚好由3段红色线段组成，所以这道任务可以用循环语句来编程：循环体就是指令组合"前进+前进+右转+前进"，循环3次。

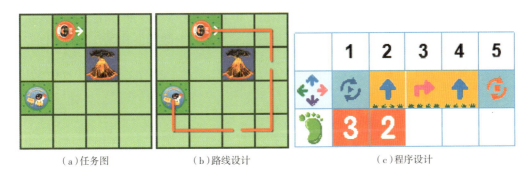

（a）任务图　　　　　（b）路线设计　　　　　（c）程序设计

图5-68　规定指令组合程序设计

（二）解码类任务

1.情景互动编程

（1）路径程序的调试与优化。本类任务的目标是寻找路径程序中的错误并修正，或

按照任务条件对原路径程序进行优化（修改）。

（2）路径程序演算。本类任务的目标，是演算分析路径程序的执行结果（在不用机器人执行程序行走路径的前提下，预测机器人会走出怎样的路线或走到哪里）。

例5-22 小贝去西湖游览，如果一路上他遇到丁字路口就必须转弯，最后会到达哪一个景点呢？本项任务经过演算，可以推算出最后终点是黄色创想模块（苏堤）（见图5-69）。

（a）任务图

（b）程序演算

图5-69　路径程序演算

2. 模块指令编程

（1）程序的调试与优化。本类任务的目标是寻找程序中的错误并修正，或按照任务条件对原程序进行优化（修改）。

（2）程序演算。本类任务的目标是演算分析程序的执行结果（在不用机器人执行程序行走路径的前提下，预测机器人会走出怎样的路线或走到哪里）。

（3）算法与图形相结合。本类任务的目标是从多条路线中，找出对应程序最短（使用方向指令最少）的那条路线。本类任务本质上也属于程序演算，即不需要机器人执行程序，仅通过观察路线的形状，即可推算出程序需要的指令数量。具体方法与实例，可参看本专题核心概念/教学概念中的相关内容。

三、如何设计和开展特色活动

机器人实物编程除了能用来开展日常课程和兴趣课程外，还能用于支持园所开展各类特色活动，例如，机器人互动情景剧，机器人小导游、讲解员，机器人游戏竞赛活动，等等。本节列举几个特色活动的案例，希望能抛砖引玉，启发教师的灵感，引出更多、更精彩的应用方法、活动方案。

（一）机器人互动情景剧

当我们熟练掌握了机器人创想模式的功能后，就可以让幼儿充分发挥想象力，当一回编剧和导演，小贝机器人当演员，用创想模式创编一出机器人互动情景剧。机器人互动情景剧可以作为迎新晚会、科技节上的节目，让幼儿与机器人同台表演，一定会成为全场焦点。

例5-23 某幼儿园要举行迎新晚会，某班级的创意是用绘本《好饿的小蛇》改编一出机器人互动情景剧，作为本学期学习实物化编程的成果汇报表演。教师和幼儿合作，按以下方案设置了创想模块（见表5-2）。

机器人互动情景剧：好饿的小蛇

表5-2 机器人互动情景剧方案

创想模块	小贝屏幕画面	小贝台词
		好饿的小蛇扭来扭去在散步。
		它发现了一个红色的圆圆的苹果。啊呜——咕嘟！啊！真好吃！
		第二天，它发现了一根黄色的、弯弯的香蕉。啊呜——咕嘟！啊！真好吃！
		第三天，它发现了一串紫色的葡萄。啊呜——咕嘟！啊！真好吃！
		第四天，它发现了一个带刺的菠萝。啊呜——咕嘟！啊！真好吃！

续表

创想模块	小贝屏幕画面	小贝台词
		第五天，它发现了一棵结满红苹果的树。小蛇扭来扭去爬上树，张大嘴巴，啊呜——咕嘟！啊——

将6张创想模块都定义好后，还需要将6张创想模块设计成一条路径。这时，教师引导幼儿展开想象："你想把小蛇行走的路线设计成什么样子呢？"有的幼儿说："小蛇走路时扭来扭去的，我们可以摆成一条弯弯曲曲的路。"于是，就有了图5-70的这条路径。这条路径的特点是弯弯曲曲，符合小蛇走路的样子，很贴合剧情；小贝每次停下来说台词的时候，小贝的脸（屏幕）刚好都能面向观众，教师可以提醒幼儿在规划路径时注意这一细节；6张创想模块的先后顺序是非常重要的，决定了故事演绎出来的最终效果，因此规划路径时必须检查顺序。

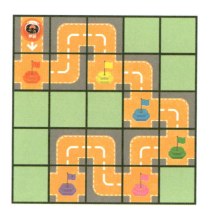

图5-70　路线设计

机器人互动情景剧，除了可以表演绘本故事（如《小蝌蚪找妈妈》《小红帽的故事》等）外，也可以用来讲述各种各样的真实故事，如春游故事、蚕宝宝生长的故事、自己过生日的故事等。故事可以让幼儿自己构思，机器人小贝的台词可以让幼儿自己配音，画面可以让幼儿自己作画，然后用小贝拍照拍下来。小贝做什么动作、路线怎么走，也可以让幼儿根据剧情需要进行设计。

关于场景的布置，为了让机器人互动情景剧更有场景感、更有表现力，可以在任务地图上用积木搭建一些与剧情有关的建筑或物品；为了增加场景的辨识度，便于幼儿在活动时更好地识别模块，可以在创想模块旁摆放一些与故事情节有关的道具。例如，可以将照片打印出来，或者将幼儿的绘画作品过塑后夹在标签夹上，摆放在创想模块旁边，也可以用KT板制作成支架，或是直接摆放在迷你画架上（见图5-71）。

（a）用积木搭建建筑或物品

（b）展示画面夹在标签夹上

（c）展示画面贴在KT板支架上

（d）展示画面放在迷你画架上

图5-71　机器人互动情景剧场景布置示意

特别需要注意的是，如果是在情景互动编程模式下开展机器人互动情景剧，还需要幼儿与机器人的互动（所以才叫"机器人'互动'情景剧"），即当机器人走到创想模块上、表演完这个情节片段后，需要由幼儿指挥机器人转向或行走，让它能够正确地走向下一张创想模块。

教师和幼儿在实践的过程中会产生无限创意。例如，还可以让幼儿扮演角色，身着头饰道具服装，设计一些台词和动作；小贝机器人也可以做些装饰，让机器人小演员更加活灵活现。在模块指令编程模式下，虽然机器人的行走路线已经由程序设定好了，但是幼儿仍有机会参与情景剧。例如：当机器人在创想模块停下来说台词的时候，参与表演的幼儿可以马上接上台词，这样也能形成一个完整的情景剧。

（二）机器人小导游、讲解员

运用好创想模式的创编功能，可以让机器人担任小小讲解员、小导游，用新颖的形式，完成幼儿园或班级的宣传讲解工作，取得意想不到的效果。

例5-24 某幼儿园开展以"中国真棒"为主题的宣传教育活动。教师与幼儿合作，运用情景互动编程的模块拼搭形成"中国"二字，而且机器人小贝可以在"中国"二字上行走，介绍中国国情、历史、文化、科技等小知识，让爱国主义教育通过高科技形式融入幼儿心中（见图5-72、图5-73）。

图5-72 用编程模块拼搭组成"中国"二字

（a）祖国万岁　　（b）名胜古迹小导游　　（c）小小科技宣传员　　（d）祖国母亲我爱您

图5-73 以"爱国主义教育"为主题的编程模块

（e）小小党史宣传员　　　（f）中国文化百事通　　　（g）传统节日宣传员　　　（h）五星红旗

图5-73　以"爱国主义教育"为主题的编程模块（续）

例5-25　某幼儿园在公共大厅开辟了一个区域，宣传西部经典红色文化。传统环境创设都是静态展示，不够生动，于是教师与幼儿合作，运用创想模式创编了"红色印迹"主题，让小贝机器人化身红色文化讲解员，围绕西部红色景点元素，深入浅出地向幼儿介绍红色文化和家园建设情况，以活泼生动的形式，让幼儿在日常耳濡目染中得到红色文化的教育（见图5-74）。

机器人讲解员：
红色印迹

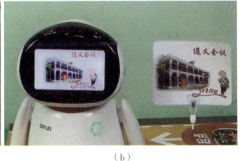

（a）　　　　　　　　　　　　　　　　　　（b）

（c）

图5-74　用创想模式创编的"红字印迹"主题

小贝机器人将会带领观众行走在西部红色景点之间，每到一个景点就会停下来介绍，听完介绍，观众可以触摸机器人的前/后/左/右，指挥机器人向下一个红色景点出发。

例5-26 某幼儿园开展为期两个月的"绿色环保、健康生活"主题宣传教育活动。教师与幼儿合作，运用创想模式创编了小贝介绍演示内容，如表5-3所示。

机器人讲解员：绿色环保 健康生活

表5-3 运用创想模式创编"绿色环保、健康生活"演示内容

创想模块	小贝介绍演示内容
倡导绿色生活	每次经过该模块，就会随机介绍一种绿色环保的良好习惯，培养幼儿绿色节约的意识。如节约用水、节约用电、少用塑料袋、不用一次性餐具等。
保护珍稀动物	每次经过该模块，就会随机介绍一种我国特有珍稀动物，激发幼儿保护生态环境的意识。如大熊猫、金丝猴、朱鹮、中华鲟、华南虎等。
有害垃圾	每次经过该模块，就会随机介绍一种有害垃圾，帮助幼儿熟悉属于有害类的垃圾。如废电池、过期药片、荧光灯、含水银温度计等。
可回收垃圾	每次经过该模块，就会随机介绍一种可回收垃圾，帮助幼儿熟悉属于可回收类的垃圾。如塑料瓶、易拉罐、旧报刊、干净的旧衣物等。
厨余垃圾	每次经过该模块，就会随机介绍一种厨余垃圾，帮助幼儿熟悉属于厨余类的垃圾。如菜帮菜叶、过期的面包、鸡蛋壳、残枝败叶等。
其他垃圾	每次经过该模块，就会随机介绍一种其他垃圾，帮助幼儿熟悉属于其他类的垃圾。如食品袋、创可贴、烟头、碎砖瓦等。

例5-27　某园以"'闽都'古厝文化"为办园特色，园内有大型建构室，不仅可搭建地方特色的古建筑，还可用情景互动编程模块搭建纵横交错的道路，让机器人穿行于"闽都"古厝小镇，通过幼儿对创想模块的定义，机器人还可以介绍小镇上的各个景点、古建，与幼儿进行互动，增加了建构游戏的乐趣，延展了古厝文化的呈现层次，用科技为"'闽都'古厝文化"画龙点睛（见图5-75）。

（a）

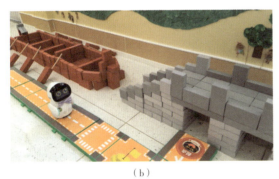

（b）

（c）

（e）

（f）

图5-75　"'闽都'古厝文化"互动编程模块

机器人小导游、讲解员的模式，可以适用于很多宣传教育主题，如"小小红军重走长征路"，让小贝身穿红军军装，带领幼儿重走长征路。创想模块内容的创编，长征路线的规划和路径的拼搭，都可以由幼儿完成，既锻炼了幼儿的编程实操动手能力，又加深了幼儿对教育主题的理解。

（三）机器人游戏或竞赛活动

运用创想模式还可以创设游戏活动或竞赛活动，为园所的活动增加科技特色，并可以在其中融入园所的教育特色。"游戏"和"比赛"，英文都是game，本质上没有区别，都是不同个体或团体之间比较本领、技术的一种活动，只不过比赛必须分出高低胜负，游戏并不一定要分出胜负。

图5-76　比赛使用的任务图

例5-28　某园开展"垃圾分类"专题教育，在经过一段时间的学习之后，准备举行一次"垃圾分类我最行"的比赛，采用实物编程的模式开展。比赛任务是：有人把垃圾乱扔在操场上，请编写程序（拼搭路径），让小贝机器人收集到所有垃圾并扔到正确的垃圾桶里（见图5-76）。要求：（1）收集到一个垃圾后就要扔到垃圾桶，再去收集另一个垃圾；（2）扔完垃圾最后要到达终点才算成功。

教师与幼儿合作，在赛前将创想模块设置好，画面可以从网上找图片打印出来，也可以由幼儿自己绘制。再由幼儿给小贝的台词配音（见表5-4）。

机器人竞赛活动：
垃圾分类（中班）

表5-4　"垃圾分类我最行"创想模块内容

创想模块	小贝屏幕画面	小贝台词
		谢谢你，将垃圾放入可回收垃圾桶。
		谢谢你，将垃圾放入厨余垃圾桶。

创想模块	小贝屏幕画面	小贝台词
		我捡到了一个香蕉皮,应该送到哪个垃圾桶呢?
		我捡到了一个空矿泉水瓶,应该送到哪个垃圾桶呢?

提前准备好比赛物料:图片、标签夹、奖牌、抢答器(见图5-77)。

图5-77 比赛物料

比赛时幼儿分成两组,每组4名选手。首先,选手把小贝机器人收集垃圾的路径拼接出来(见图5-78)。

图5-78 拼接路径

其次,选手需要指挥小贝机器人把收集到的垃圾分别扔到正确的垃圾桶中。先完成垃圾分类任务的小组要按响抢答器(见图5-79)。

205

图5-79 指挥小贝机器人完成任务

最后，举行颁奖仪式（见图5-80）。

图5-80 举行颁奖仪式

图5-81（a）是规划的路径，图5-81（b）是小贝机器人行走的路线。可以看到，虽然只有两个垃圾要收集和分类，但小贝行走的路线有好几次交叉和重叠，因此，在拼接路径时需要用上十字路口和丁字路口，指挥小贝方向时也要注意不要出错。

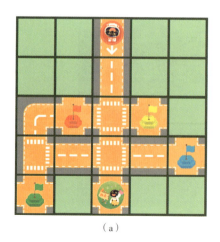

（a）

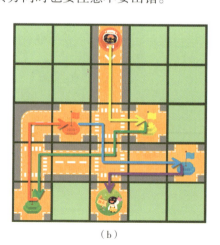

（b）

图5-81 参考答案（一）

这道赛题是十分开放的，有很多解决方案。图5-82是另一个参考答案。

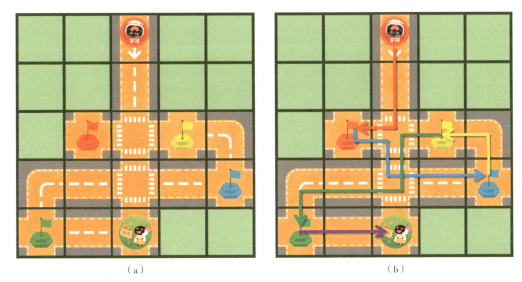

（a）　　　　　　　　　　　　　（b）

图5-82　参考答案（二）

例5-29　某地区举行"幼儿人工智能素养展示活动"，其中有一道赛题是"火箭能量运输"。比赛任务是：太空基地里有3支火箭准备发射，但还没有添加能量。请为小贝机器人编程，让它把场地上的能量块运输到火箭处，最后到终点休息。（注意：没有规定哪个能量块必须运输给哪支火箭，由参赛者自己决定）

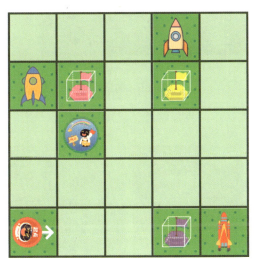

图5-83　比赛使用的任务图（白色方块代表能量块）

比赛活动前，需要准备一些道具：在空纸盒上贴能量块图案，代表能量块，摆放在创想模块上；将印有火箭图案的硬纸板折叠起来，代表火箭，竖立摆放在任务图中对应的草地模块上（见图5-84）。

图5-84　比赛道具

比赛开始，各队幼儿先设计路线、铺设路径（见图5-85）。

（a）　　　　　　　　　　　　　　　　　　（b）

图5-85　铺设路径

而后，各队幼儿编写程序、执行程序，完成赛题任务（见图5-86）。

（a）　　　　　　　　　　　　　　　　　　（b）

图5-86　编写、执行程序

本赛题的原理有点类似一款经典的电脑游戏《推箱子》，只不过是将其从虚拟世界搬到现实世界中。能量块就是箱子，机器人就是推箱子的人，要把箱子推到附近火箭所在的模块。

图5-87（a）是规划的路径，图5-87（b）是设计的行走路线。可以看到，当机器人走到各创想模块的位置时，刚好能把能量块（空纸盒）推到火箭所在的位置。

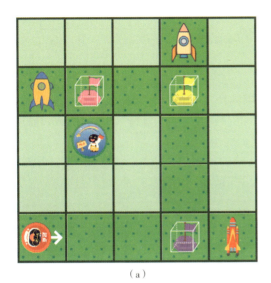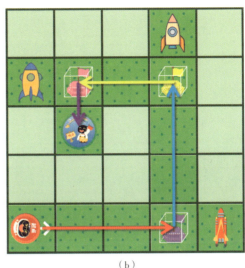

（a）　　　　　　　　　　　　　　　　（b）

图5-87　参考答案

对应的程序指令有一定的重复性，可以使用循环结构来优化，如图5-88所示。

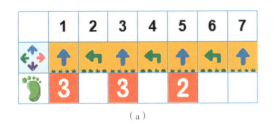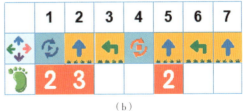

（a）　　　　　　　　　　　　　　　　（b）

图5-88　程序指令及优化

机器人实物编程的创想模式有很强的自定义功能，除了可开展上文介绍的机器人情景互动剧、机器人小导游讲解员、机器人游戏和竞赛活动外，还可与幼儿园现行的主题课程相结合，开发一系列融合机器人实物编程的主题活动（主题活动中的某个活动或某个环节，由机器人参与）；或与幼儿园办园特色相结合，开发一系列融合机器人实物编程的园本课程、班本课程。

正如编程在程序员手上是开发软件的工具一般，机器人实物编程在幼儿园教师手上，也一定能变成一款称手的开发课程的工具。

专题 五 贝芽实物编程教育的评价

学习任务单

项目	具体内容
学习目标	1. 了解评价标准的类别与具体内容。 2. 了解评价方法的类别与具体内容。 3. 掌握评价方法中的行为评价法和测验法。
学习重难点	学习重点：评价标准。 学习难点：评价方法。
学习时数	2学时。
学习建议	多实操、多思考。
学习运用	模仿《人工智能实体模块化编程能力专项标准》的测评题，也出一份一、二、三级的测评题。

情境问题

你认为对贝芽实物编程教育实施什么样的评价方案是最有效的？

学习前的观点	学习后的思考

教育评价是指在一定教育价值观的指导下,依据确立的教育目标,通过使用一定的技术和方法,对实施的各种教育活动、教育过程和教育结果进行科学判定的过程。只有经过教育评价,整个教育链条才能形成闭环。

教育评价理论上包含对教师的评价和对学习者的评价。本专题仅讨论对学习者的评价。

贝芽实物编程教育是一项跨学科(领域)、整合性的课程,对于它的评价标准和评价方法,自然也是多元的。

一、评价标准

(一)课程目标与教学目标

贝芽实物编程教育的评价离不开对课程目标、教学目标的解读。课程目标指明了整个课程教学活动的方向和学习者应该达到的水平或程度。教学目标是课程目标在某次教学活动的具体化、可操作化。从某种程度上说,贝芽实物编程教育的评价可理解成:微观上,教学目标是否达成;宏观上,课程目标是否达成。

关于贝芽实物编程教育的课程目标,请读者翻阅本模块专题一相关部分;教学目标请翻阅专题二、专题三中教学大纲相关部分,特别是专题四对教学大纲的解读,已经对核心概念(编程概念、数学概念)、核心素养(思维方法、学习品质)这些评价标准进行了详细的介绍,此处不再赘述。

(二)《人工智能实体模块化编程能力专项标准》

青少年人工智能
综合素质测评
标准

青少年人工智能综合素质测评,是由北京理工大学、中国关心下一代工作委员会健康体育发展中心共同主办,以青少年人工智能基础教育人才培养基地为执行单位,联合贝芽智能等多家人工智能教育行业知名企业共同制定推出的。测评是为了更好地评估青少年在人工智能基础教育阶段的学习成果,促进青少年更好地了解自身水平、巩固知识和技能,为青少年在人工智能领域的学习提供明确方向,为国家选拔人工智能人才提供重要依据。

本测评制定了面向K—12(幼儿园到高中)各阶段的青少年人工智能综合素质测评标准,其中,K(幼儿园)阶段的《人工智能实体模块化编程能力专项标准》由贝芽智能起草制定,于2020年9月正式发布。

二、评价方法

(一)行为评价法

行为评价法即依靠教师对幼儿行为进行现场观察与观测,以了解其知识和能力掌握

的程度。这是一种定性的评价法，也是目前采用最多的一种评价方法。在日常课程中，我们也为教师提供了工具，即区角活动观察评价表。读者可以翻阅专题二的"区角游戏"部分。

（二）访谈法

教师可以对幼儿进行访谈，了解幼儿对教学目标的接受程度，以及在课程目标上的发展情况。

（三）量表法

根据评价标准提炼出若干评价指标，再编制相应的量表。实施的时候，应由专业人员一对一对幼儿以问卷调查的方式进行。量表法可以比较精准地反映幼儿的发展水平和学习效果，但编制量表是一项很专业、很耗时的工作，而且需要较大的样本数据形成常模，成本比较高。

（四）成果展示法

成果展示法是指通过一个阶段的学习，组织一次成果展示，形式上可以是节目表演、展览、公开课或比赛，将学习效果集中体现出来。同时，在准备和展示的过程中，教师也可以密集观察到学习者的行为。例如，我们曾介绍过的举行机器人比赛的方式，或排练表演一出机器人互动情境剧，或布置成果展览，让机器人讲解员介绍成果，这些都是较好的评价方法。

（五）测验法

测验法是通过一系列测验等客观性工具，检测和评估幼儿的学习成果。贝芽起草制定的《人工智能实体模块化编程能力专项标准》，也同步发布了相应的测评方法。该测评方法包括：一二三级的测评题、参考答案和评分标准。评分标准对幼儿在测评中的行为表现、能力进行了合理量化，考官需要现场观察幼儿测评时的行为及测评成绩，并及时记录下来。经过量化的评分标准，能够比较客观地反映幼儿学习实物编程的效果，是成本可控、较为客观、实操性较强的一种测评方法。

测评模拟题和评分标准

参考文献

［1］边霞.STEM教育、STEAM教育与幼儿编程教育［J］.教育导刊，2022（5）：5-10.

［2］畅肇沁，陈小丽.基于人工智能对教育影响的反思［J］.2019（1）：9-12.

［3］陈翠，郑渊全，时松.不同探究式教学法对幼儿编程学习的影响［J］.学前教育研究，2021（3）：52-63.

［4］陈晋.人工智能技术发展的伦理困境研究［D］.长春：吉林大学，2016.

［5］程艺.美国幼儿编程教育初探［D］.上海：上海师范大学，2019.

［6］陈维维.学龄前儿童人工智能启蒙教育的研究现状与实践路径［J］.电化教育研究，2020，41（9）：88-93.

［7］程秀兰，沈慧敏.幼儿计算思维培养的途径与方法：基于编程教育的视角［J］.陕西学前师范学院学报，2021，37（3）：16-23，47.

［8］姜起.对幼儿人工智能启蒙教育现状的调查研究［J］.教育探索，2020（4）：21-24.

［9］蒋小涵.编程教育对培养大班幼儿计算思维可行性的实践研究［D］.上海：上海师范大学，2020.

［10］李德毅，于剑.人工智能导论［M］.北京：中国科学技术出版社，2018.

［11］李昊璞.幼儿编程实行的分析研究与改进：一种幼儿编程游戏卡牌教具［J］.电子测试，2019（20）：133-134.

［12］刘君艳.基于PTD框架的小学ScratchJr教学设计与实践［D］.上海：上海师范大学，2017.

［13］苏晓娟，胡国强.人工智能在幼儿教育中的应用、挑战与对策［J］.中国现代教育装备，2020（10）：63-65.

［14］王佑镁，宛平，南希烜，等.实体编程促进计算思维发展：工具与策略［J］.中国电化教育，2021（8）：92-98.

［15］王梦姣.幼儿编程教育的现状分析及其对策探讨［J］.汉字文化，2020（22）：123-125.

［16］吴永和，刘博文，马晓玲.构筑"人工智能+教育"的生态系统［J］.2017，35（5）：27-39.

［17］闫志明，唐夏夏，秦旋，等.教育人工智能（EAI）的内涵、关键技术与应用趋势：美国《为人工智能的未来做好准备》和《国家人工智能研发战略规划》报告解析［J］.远

程教育杂志，2017（1）：31-32.

［18］昝增敏.大班幼儿ScratchJr编程教学设计研究［D］.淮北：淮北师范大学，2020.

［19］BERS M U. Coding as a playground: programming and computational thinking in the early childhood classroom［M］. New York: The Routledge Press，2017：3-9.

［20］LEE K T H，SULLIVAN A，BERS M U. Collaboration by design: using robotics to foster social interaction in kindergarten［J］. Computers in the Schools，2013，30（3）：271-281.

［21］MATT C，TIM S. New curriculum: lessons in 3D printing and pupils aged FIVE taught computer programming in hi-tech new national curriculum［OL］.（2013-07-09）［2023-02-05］. http://www.dailymail.co.uk/news/article-2358011/New-curriculum-Lessons-3D-printing-pupils-aged-FIVE-taught-programming.html#ixzz3T67h8YjH.2014.

［22］PAPADAKIS S，KALOGIANNAKIS M，ZARANIS N. Developing fundamental programming concepts and computational thinking with ScratchJr in preschool education: a case study［J］. International Journal of Mobile Learning and Organisation，2016，10（3）：187-202.

［23］SULLIVAN A，ELKIN M，BERS M U. KIBO robot demo: engaging young children in programming and engineering［C］//Proceedings of the 14th international conference on interaction design and children，2015：418-421.